CB136353

Tendências da gestão de pessoas na sociedade do conhecimento

PUBLICAÇÕES
FGV Management

GESTÃO DE PESSOAS

Tendências da gestão de pessoas na sociedade do conhecimento

Victor Cláudio Paradela
Ana Paula Cortat Zambrotti Gomes

FGV | EDITORA EDUCAÇÃO EXECUTIVA

Copyright © 2018 Victor Cláudio Paradela, Ana Paula Cortat Zambrotti Gomes

Direitos desta edição reservados à
EDITORA FGV
Rua Jornalista Orlando Dantas, 37
22231-010 | Rio de Janeiro, RJ | Brasil
Tels.: 0800-021-7777 | 21-3799-4427
Fax: 21-3799-4430
editora@fgv.br | pedidoseditora@fgv.br
www.fgv.br/editora

Impresso no Brasil / *Printed in Brazil*

Todos os direitos reservados. A reprodução não autorizada desta publicação, no todo ou em parte, constitui violação do copyright (Lei nº 9.610/98).

Os conceitos emitidos neste livro são de inteira responsabilidade dos autores.

1ª edição – 2018

Preparação de originais: Sandra Frank
Editoração eletrônica: Abreu's System
Revisão: Aleidis de Beltran
Capa: aspecto:design

Ficha catalográfica elaborada pela Biblioteca Mario Henrique Simonsen/FGV

Ferreira, Victor Cláudio Paradela
Tendências da gestão de pessoas na sociedade do conhecimento / Victor Cláudio Paradela, Ana Paula Cortat Zambrotti Gomes. – Rio de Janeiro : FGV Editora, 2018.
160 p.

Área: Gestão de pessoas.
Publicações FGV Management.
Inclui bibliografia.
ISBN: 978-85-225-2096-1

1. Administração de pessoal. 2. Desenvolvimento organizacional. 3. Sociedade do conhecimento. I. Gomes, Ana Paula Cortat Zambrotti. II. FGV Management. III. Fundação Getulio Vargas. IV. Título.

CDD – 658.3

Aos nossos alunos e aos nossos colegas docentes,
que nos levam a pensar e repensar nossas práticas.

Sumário

Apresentação

Este livro compõe as Publicações FGV Management, programa de educação continuada da Fundação Getulio Vargas (FGV).

A FGV é uma instituição de direito privado, com mais de meio século de existência, gerando conhecimento por meio da pesquisa, transmitindo informações e formando habilidades por meio da educação, prestando assistência técnica às organizações e contribuindo para um Brasil sustentável e competitivo no cenário internacional.

A estrutura acadêmica da FGV é composta por escolas e institutos, todos com a marca FGV, trabalhando com a mesma filosofia: gerar e disseminar o conhecimento pelo país. Dentro de suas áreas específicas de conhecimento, cada escola é responsável pela criação e elaboração dos cursos oferecidos pela FGV Educação Executiva, criada em 2003 com o objetivo de coordenar e gerenciar uma rede de distribuição única para os produtos e serviços educacionais da FGV.

Este livro representa mais um esforço da FGV em socializar seu aprendizado e suas conquistas. Foi escrito por professores da FGV, profissionais de reconhecida competência acadêmica e prática, o que torna possível atender às demandas do mercado, tendo como suporte sólida fundamentação teórica.

A FGV espera, com mais essa iniciativa, oferecer a estudantes, gestores, técnicos e a todos aqueles que têm internalizado o conceito de educação continuada, tão relevante na era do conhecimento na qual se vive, insumos que, agregados às suas práticas, possam contribuir para sua especialização, atualização e aperfeiçoamento.

Rubens Mario Alberto Wachholz
Diretor da FGV Educação Executiva

Sylvia Constant Vergara
Coordenadora das Publicações FGV Management

Introdução

Ordem e Progresso. Você, leitor, talvez esteja se perguntando por que iniciamos este livro com a expressão registrada na bandeira brasileira. Ordem e Progresso é lema do positivismo, corrente epistemológica que ilumina de forma preponderante a administração, inserida no campo das ciências sociais aplicadas. A epistemologia tem como papel discutir como o conhecimento é construído. Podemos dizer que as grandes características do positivismo são a separação entre sujeito e objeto, bem como a busca pela verdade, considerada única. Esse entendimento revela o destaque dado à objetividade. Nas organizações, percebemos traços de base positivista na valorização, por exemplo, do *how to do*, ou seja, práticas que privilegiam essencialmente o fazer, em detrimento do pensar. Observamos esses traços, também, em tentativas de encaixar novos problemas em soluções já existentes. Entendemos, leitor, que apesar das críticas que lhe são feitas, a administração, de forma geral, e as organizações, de forma particular, não podem prescindir da objetividade, da lógica, da razão, forças dessa corrente epistemológica.

Contudo outras correntes, como a fenomenologia, propõem o resgate da subjetividade, das verdades provisórias. Nas organizações, esse outro entendimento se revela na diversidade, na busca por múltiplas soluções para problemas que se apresentam, na valorização dos indivíduos. Assim como o positivismo, as correntes de base fenomenológica possuem forças e fraquezas. Sendo assim, na ciência, advogamos que um diálogo entre as diferentes correntes é desejável e enriquecedor. Da mesma forma, consideramos que a administração e as organizações podem se apropriar da pluralidade para orientar modelos, práticas e relações de trabalho. Arriscamos dizer que a possibilidade da descoberta nutre tanto a ciência quanto a vida organizacional.

Diante do exposto, entendemos que as organizações são palco da objetividade e da subjetividade, da razão e da emoção, da ordem e do caos, de concordâncias e de discordâncias. Indicadores, técnicas e ferramentas são de grande valia no ambiente de negócios, mas o que lhe confere vitalidade são as pessoas. Organizações são espaços de interação.

Mas até que ponto o equilíbrio de tais elementos é observado no mundo do trabalho, tão permeado, hoje, por mudanças de toda ordem e por desafios crescentes? Klaus Schwab (2016), fundador do Fórum Econômico Mundial, tem introduzido importantes discussões acerca da quarta revolução industrial e seus impactos na economia, nos negócios, nos governos, na sociedade em geral e nos indivíduos. Para o autor, trata-se de uma revolução distinta, em razão da velocidade, da amplitude, da profundidade e do impacto sistêmico das mudanças.

O alemão Klaus Schwab nasceu em 1938. É formado em economia e em engenharia, com doutorado nas duas áreas e mestrado em administração pública. Em 1971, fundou o Fórum Econômico Mundial, organização que reúne os principais líderes empresariais e políticos, bem como intelectuais e jornalistas para a discussão de temas de relevância mundial. Criou, também, a Fundação Schwab para o Empreendedorismo Social, em 1998, o Fórum dos Jovens Líderes Globais, em 2004, bem como a Comunidade Global Shappers, em 2011. Schwab ingressou em 1972 na Universidade de Genebra, tendo sido um dos mais jovens integrantes do corpo docente. É autor de vários livros, entre os quais *A quarta revolução industrial*, publicado no Brasil em 2016.

O objetivo deste livro é apresentar as características da sociedade contemporânea, considerada a sociedade do conhecimento, bem como discutir as mudanças e os desafios que vieram à tona no ambiente organizacional, impulsionados, sobretudo, pela globalização e pela tecnologia. Para tanto, o livro foi dividido em quatro capítulos, além desta introdução e da conclusão.

O primeiro capítulo traz uma retrospectiva das sociedades agrícola e industrial, que antecederam a sociedade do conhecimento. Apresenta os principais conceitos ligados ao tema, com destaque para a informação e o conhecimento. Discute as características da sociedade do conhecimento, as diferentes facetas da globalização, bem como a quarta revolução industrial, destacada por Schwab (2016). Aborda, ainda, questões ligadas à produtividade, e encerramos com as mudanças do chamado mundo VUCA – volátil, incerto, complexo e ambíguo – e seus reflexos nas organizações.

O segundo capítulo explora valores e práticas de gestão disseminados na era industrial, muitos deles ainda incrustados nas organizações e no modo de ser e de agir dos próprios indivíduos. Apresenta, também, novos valores e relações de trabalho, alinhados com a dinâmica da sociedade do conhecimento. Comenta, ainda, as modalidades trabalhistas aprovadas pela Lei nº 13.467/2017.

O terceiro capítulo aborda a questão dos interesses individuais e organizacionais, os conflitos a eles inerentes, bem como as possibilidades de convergência. Ressalta que posições contraditórias não constituem necessariamente anomalias, como acreditam alguns gestores. Podem representar oportunidades para mudanças, dependendo da abertura que a organização e os próprios indivíduos oferecem às discussões e à participação. Aborda, ainda, a diversidade e seus inúmeros aspectos, destacando a riqueza que pode ser gerada em ambientes livres de preconceito.

Por fim, o quarto capítulo traz à tona discussões sobre liderança e seus principais aspectos. Ressalta a importância do autoconhecimento e do autodesenvolvimento para o exercício da liderança, bem como para compreender melhor como se dão a motivação e o comprometimento no ambiente organizacional. Aborda, também, a importância da comunicação assertiva entre pares e como facilitadora de uma parceria entre líderes e liderados. Trata, ainda, das necessidades e sentimentos dos indivíduos e sua relação com o comportamento nas organizações. Finalmente, aborda a construção da parceira entre líderes e liderados como algo desejável e possível, desde que fundamentada no diálogo e na relação de mútua influência.

Esperamos, leitor, que este livro possa lhe ser útil, independentemente de sua posição hierárquica e área de atuação. Os temas aqui tratados merecem ser alvo de debates por gestores, técnicos, consultores, pesquisadores ou qualquer outro profissional que tenha interesse em compreender melhor o trabalho no século XXI. Até que ponto, por exemplo, estamos permeáveis ao novo, integrando ao nosso eu à nossa essência, às possibilidades e às limitações inerentes à quarta revolução industrial? Estamos construindo e reconstruindo nosso modo de ver e estar no mundo? No âmbito organizacional, a área de gestão de pessoas, gestores e profissionais em geral vêm se adaptando e recriando suas relações e estratégias diante do novo contexto?

Desejamos que a leitura deste livro possa suscitar discussões sobre as questões aqui levantadas, bem como provocar-lhe, caro leitor, reflexões sobre seu posicionamento diante do futuro, das relações humanas e do mundo do trabalho.

1
A sociedade do conhecimento e as mudanças organizacionais

"A aceleração da web é de tal ordem que todas as nossas certezas são precárias" (Martel, 2015:14). Não por acaso, caro leitor, resgatamos *Smart*, de Frédéric Martel (2015), para discutir, neste capítulo, os condicionantes externos e seus impactos sobre as organizações. O autor apresenta uma série de reflexões sobre a internet e destaca uma das mudanças em curso: a passagem da informação e da comunicação para a internet do conhecimento, considerada uma ferramenta de desenvolvimento humano. Mudanças, velocidade, incerteza, diversidade e conhecimento são palavras de ordem que permeiam as discussões de Martel e que dão vida à sociedade contemporânea.

Nesse contexto, começamos apresentando as principais características da sociedade do conhecimento, além de um breve retrospecto das épocas que a antecederam. Destacamos, também, nossa posição acerca da diferença entre os termos sociedade da informação e sociedade do conhecimento. Registramos, ainda, a importância de um ambiente organizacional que favoreça os processos de geração e de compartilhamento do conhecimento.

Na sequência, destacamos a globalização, seus antecedentes e suas principais características, sobretudo a hipercompetição. Apresentamos, também, as oportunidades e os riscos inerentes à globalização, além dos paradoxos a ela associados.

Em um terceiro momento, abordamos a escassez de recursos e as pressões por produtividade, que aparecem na esteira da globalização. Apresentamos a economia compartilhada ou colaborativa como alternativa para a utilização de recursos de forma mais equilibrada. Destacamos, também, a importância da qualificação dos profissionais para responder aos níveis de produtividade exigidos no atual ambiente de negócios.

Por fim, abordamos as mudanças de ordem política, econômica, social e tecnológica às quais as organizações estão sujeitas. Abordamos o chamado mundo VUCA, termo que tem origem nas Forças Armadas norte-americanas e que vem sendo cada vez mais usado no âmbito da gestão, designando um ambiente volátil, incerto, complexo e ambíguo. Nesse contexto, apresentamos as principais questões que merecem a atenção dos gestores, bem como as competências requeridas na sociedade contemporânea.

Características da sociedade do conhecimento

Há quem diga que o tempo (tempo rei, nas palavras do artista) transformou as velhas formas do viver (Gil, 1984). Tempo é um elemento que está sempre no centro das atenções. Falamos sobre o tempo quando nos referimos ao passado, ao presente e ao futuro. Lembramo-nos de como eram as coisas. Imaginamos como elas serão. Relacionamos a passagem do tempo à evolução, ao progresso. Associamos o tempo a paradigmas que, quando rompidos, indicam que é chegada a ocasião para renovar os instrumentos, inaugurando uma nova era (Kuhn, 1982).

Mas, até que ponto passado, presente e futuro são sequências lineares? Até que ponto os modos de viver de uma sociedade são estanques? Que características alimentam e consolidam a evolução da sociedade? Essas são apenas algumas das reflexões que propomos a você, leitor, na busca pela compreensão do que se denomina sociedade do conhecimento. Para tanto, é fundamental termos em mente os modelos que guiavam as épocas anteriores.

Em uma perspectiva temporal, podemos dizer que a sociedade agrícola ou pré-industrial marcou o período até fins do século XVIII e início do XIX. O grande recurso da época era a terra. A economia era fundamentada na agricultura, na pesca, na criação de animais e no extrativismo. A produção era, basicamente, para a subsistência. Os trabalhadores eram camponeses, artesãos, pescadores e mineiros (De Masi, 1999). À estrutura econômica e profissional, Vergara (2016) acrescenta o enraizamento das famílias e os restritos canais de comunicação como características marcantes da sociedade pré-industrial. Assim como De Masi (1999:29), consideramos que "a passagem de uma fase para outra não significa uma substituição radical da primeira pela segunda; significa, apenas, que um elemento se torna central em lugar de outro". Nesse contexto, leitor, podemos dizer que a terra perdeu sua hegemonia, cedendo lugar à fábrica.

O período compreendido entre fins do século XVIII e a metade do século XX assinalou, portanto, uma nova era, denominada sociedade industrial. Em termos de estrutura econômica e profissional, podemos dizer que a concentração dos trabalhadores migrou do setor primário para o secundário. Produção em massa, divisão do trabalho, padronização, especialização e hierarquia passaram a ser as palavras de ordem, em consonância com a lógica taylorista e fordista. Em uma perspectiva mais ampla, podemos destacar, também, o crescimento do consumo, a urbanização e a escolarização (De Masi, 1999; Tenório, 2000; Vergara, 2016). Vivíamos "tempos modernos", em alusão a Charlie Chaplin. Sobre a modernidade, concordamos com Latour (1994:15) ao afirmar que quando a palavra aparece, "definimos, por contraste, um passado arcaico e estável". Se a fábrica imprimiu um novo ritmo à sociedade, o que dizer da tecnologia e da globalização, caro leitor? Esses dois elementos provocaram a transição da sociedade industrial para a chamada sociedade da informação.

Apesar de não haver consenso sobre o termo – sociedade da informação, do conhecimento, pós-industrial, pós-moderna, entre outros – o que se pode afirmar é que a aceleração das mudanças é marca registrada dessa nova era (Motta, 1998). Aqui, leitor, ela será inicialmente chamada por nós de "sociedade da informação". Do ponto de vista temporal, sua repercussão se deu a partir do final do século XX.

Em contraste com as épocas anteriores, a sociedade da informação é mais fluida ou líquida, usando as palavras de Bauman (2001). Isso significa que velocidade e imprevisibilidade fazem parte do novo contexto. Sendo assim, quais são as características da sociedade da informação?

De modo geral, entendemos que o papel de protagonista na sociedade, ocupado no passado pela terra e, depois, pela fábrica, é hoje do conhecimento, da inteligência, da criatividade e da inovação. De modo mais específico, podemos dizer que os avanços ligados à tecnologia da informação proporcionaram o acesso a um volume gigantesco de informações, o que antes da disseminação de computadores e de *softwares* e do surgimento da internet era algo impensável. Passamos não só a lidar com mais informações, como também a conviver com a velocidade com que elas são produzidas e propagadas. E de que forma, leitor, essa dinâmica se reflete no ambiente de negócios? Consideramos, como Vergara (2016:18), que "a informação viola as fronteiras geográficas e revela o movimento da globalização". Nesse sentido, economia sem fronteiras, crescente competitividade, parceiras e alianças, interdependência de fenômenos, entre outras características, são uma realidade para países e organizações na sociedade da informação (De Masi, 1999; Vergara, 2016).

Além do exposto, leitor, duas outras dimensões merecem destaque nos dias atuais: tempo e espaço. Abrimos este capítulo falando sobre o tempo, que nos remete à evolução da sociedade. Voltamos a ele porque, na sociedade da informação, o tempo nos parece instantâneo, ao contrário do tempo do relógio, que é linear, cartesiano. Da mesma forma, a noção tradicional de espaço desaparece. Você já parou para pensar sobre isso, leitor? Para provocar-lhe a reflexão, sugerimos que assista ao premiado documentário *Quanto tempo o tempo tem*, da diretora Adriana Dutra. O documentário aborda as inúmeras facetas da sociedade da informação a partir da visão de estudiosos de várias áreas do saber. Além disso, reforça o entendimento de que sociedades e organizações "configuram-se de maneira distinta conforme o tempo-espaço em que são concebidas", tal como Vergara e Vieira (2003:2) apontaram.

Nesse contexto, tempo-espaço é dimensão que altera de forma significativa os padrões de vantagem competitiva na sociedade da informação. Conhecimento passa a ser a palavra-chave. Cabe agora, então, uma explicação. Até aqui usamos o termo sociedade da informação para tratarmos da época atual. Embora sociedade da informação e sociedade do conhecimento, muitas vezes, sejam consideradas sinônimas, nós, caro leitor, advogamos, tal como Vergara (2016) o fez, que a sociedade do conhecimento é mais ampla, mais dinâmica, tendo a informação como elemento indispensável para a transformação. Como assevera a autora,

> a sociedade da informação gera e nutre a sociedade do conhecimento, aquela que resulta de experiências, de valores, do estabelecimento de relações, da elaboração da informação de forma contextualizada e refletida [Vergara, 2016:19].

Sendo assim, destacamos que dados e informações são matéria-prima para o conhecimento. Dados são elementos como números, palavras ou imagens que, quando tratados de forma quantitativa, qualitativa ou ambas, geram sentido, transformando-se em informação. Conhecimento, por sua vez, é gerado com base na interpretação das informações a partir de um quadro referencial que cada indivíduo possui, o que inclui crenças, formação, visão de mundo, ideias e dúvidas (Carbone et al., 2011; Oliveira Jr., 2001).

Para Morin (1986:12), "o conhecimento é um fenômeno multidimensional inseparável da dimensão psíquica, biológica, cerebral, mental, psicológica, cultural, social". Está, portanto, ligado a uma cabeça bem-feita, usando aqui o termo que dá título a outra obra do autor (Morin, 2006). Valendo-se da formulação de Montaigne, segundo a qual "mais vale uma cabeça bem-feita que bem cheia" (Morin, 2006:21), o autor argumenta que, em vez de acumular o saber, o diferencial é a aptidão geral para tratar problemas, bem como a capacidade para organizar os saberes e lhes dar sentido.

Diante do exposto, leitor, é importante registrarmos que há dois tipos de conhecimento: tácito e explícito. O primeiro é aquele que está na cabeça das pessoas, ou seja, não está registrado formalmente em documentos. Está, portanto, relacionado a questões subjetivas, singulares de cada indivíduo. Você, leitor, talvez já tenha percebido, por exemplo, que algumas pessoas têm habilidades para gerenciar conflitos, enquanto outras têm dificuldade. Mesmo que conheçam teorias e técnicas, o toque pessoal de cada um, o uso de informações sobre experiências anteriores, a intuição, entre outras variáveis, fazem a diferença e compõem o chamado conhecimento tácito. Isso vale para administração de conflitos, usada aqui como exemplo, ou para qualquer outra situação organizacional ou da vida cotidiana. O conhecimento explícito, por sua vez, está formalizado, escrito ou gravado. Nas organizações, pode ser encontrado em manuais, procedimentos operacionais, rotinas administrativas, vídeos institucionais ou outros documentos.

Na atual sociedade, a grande questão é gerar e compartilhar conhecimento, para que se transforme, de fato, em vantagem competitiva. Apesar de o termo compartilhamento ter se tornado corriqueiro por conta do uso de redes sociais, o sentido aqui utilizado relaciona-se à aplicação do conhecimento no ambiente de negócios, à revisão de estratégias e modelos por conta de novos saberes, bem como à ampliação do domínio original. Como assinala criticamente Harari (2016), parece que uma situação só foi vivida caso tenha sido fotografada ou gravada, postada e acessada pelo maior número possível de pessoas. Caso contrário, a experiência foi em vão, o que nos leva a crer, tal como Harari (2016:387), que muitas "pessoas só querem ser parte de um fluxo de dados". Definitivamente, não é o que advogamos. Compartilhar conhecimento pode transformar uma realidade. Trata-se de um desafio que atinge organizações públicas, privadas e do terceiro setor. A seguir, caro leitor, apresentamos como o tema vem sendo tratado, por exemplo, na esfera pública.

Na administração pública, em especial no que se refere à Justiça no Brasil, percebemos um esforço conjunto de órgãos e profissionais da área para produzir e compartilhar conhecimento. Tribunais, como o Tribunal de Justiça do Estado do Rio de Janeiro, têm hoje departamentos voltados especificamente para a gestão do conhecimento, a fim de manter um banco de conhecimento com conteúdos internos e externos atualizado, para subsidiar tomadas de decisão de cunho judicial e administrativo. Na mesma linha, associações como o Instituto Innovare estão, há mais de 10 anos, investindo na divulgação de práticas bem-sucedidas adotadas por órgãos do Poder Judiciário, pelo Ministério Público, pela Defensoria Pública e por advogados em geral, no que tange à modernização, ao acesso à Justiça, à celeridade e à efetividade das ações. Iniciativas como cartório do futuro, pauta digital, assessoria jurídica virtual integrada, linha direta com o juiz, audiência volante, entre outras, são exemplos de compartilhamento de conhecimento no âmbito da justiça brasileira.

Nesse contexto, cabe o resgate do que Nonaka e Takeuchi (1997) denominaram espiral do conhecimento, conforme a figura 1 permite visualizar.

Figura 1
Espiral do conhecimento

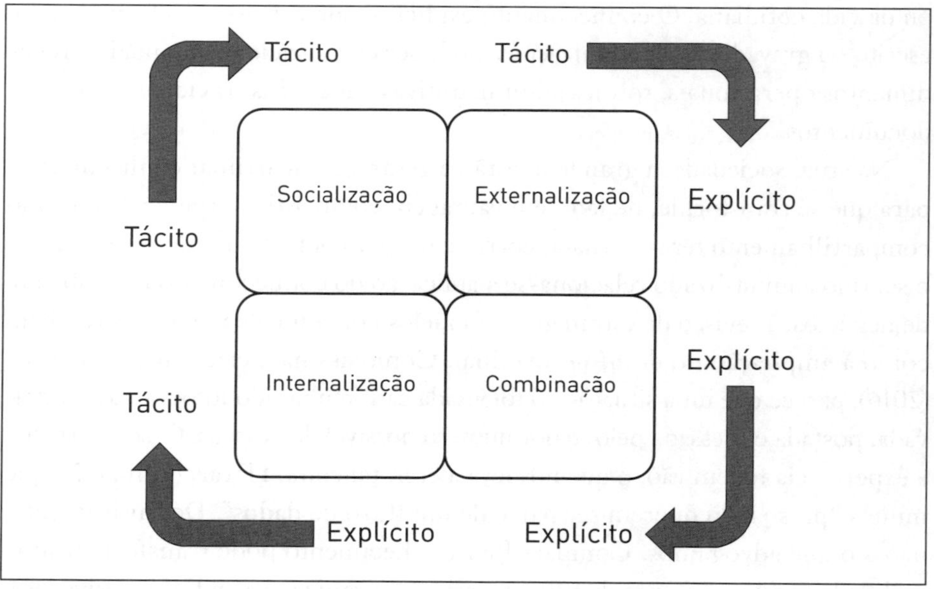

Fonte: Nonaka e Takeuchi (1997).

Como você pode observar, leitor, trata-se da transformação de conhecimento:

a) tácito em tácito: trata-se do compartilhamento de informações entre indivíduos e equipes, que ocorre, em geral, por meio de conversas e observação. Socialização é o processo que marca essa transformação;
b) tácito em explícito: trata-se do compartilhamento de informações por meio da redação de manuais, informativos, procedimentos, gravação de vídeos ou *podcasts* explicativos, entre outras modalidades de registro. Externalização é o processo que caracteriza essa transformação;
c) explícito em explícito: trata-se do compartilhamento de informações via troca de manuais, relatórios ou qualquer outro documento em que estejam registrados procedimentos, práticas bem-sucedidas, lições aprendidas ou outros elementos considerados relevantes. Combinação é o processo-chave para essa transformação;
d) explícito em tácito: trata-se do compartilhamento de informações via materiais como livros, artigos, filmes, *podcasts*, músicas ou outros recursos que servem de base para a ação de "aprender fazendo". Internalização é o processo que marca essa transformação.

Diante do exposto, consideramos que a espiral do conhecimento só faz sentido em um ambiente propício à aprendizagem. Esse ambiente é o que Argyris (1977) chamou de organizações de aprendizagem, termo disseminado anos mais tarde por Senge (1999). Organizações de aprendizagem são aquelas que têm a capacidade de aprender continuamente com seus erros e acertos. Seus membros possuem objetivos em comum e trabalham de forma integrada, de modo a resolver problemas, gerar inovação e ampliar sua capacidade competitiva, o que é imprescindível para a atuação no atual ambiente de negócios.

Mas, assim como em períodos anteriores, como a sociedade industrial, as mudanças não afetam somente as organizações ou o mundo do trabalho. No passado, as máquinas introduziram a modernidade nas ruas, nos lares e em outros ambientes. O mesmo acontece agora. Não poderíamos, portanto, deixar de mencionar aqui o que Klaus Schwab (2016) denomina quarta revolução industrial. Para o autor, fundador do Fórum Econômico Mundial, trata-se de uma revolução tecnológica. Na década de 1980 do século XX, os *Jetsons*, série de animação da Hanna-Barbera, nos deram uma prévia, de forma lúdica, do que seria o futuro, com robôs, carros voadores e todo tipo de automatização entranhado na vida cotidiana. Podemos dizer que o que parecia ficção científica há alguns anos começa a se tornar realidade hoje. É o caso da inteligência artificial, da impressão 3D, da nanotecnologia, da biotecnologia e de outras inovações em curso, pautadas na interação dos domínios físicos, digitais e biológicos. Entendemos que a conexão entre os saberes, capitaneada pela tecnologia, se sobrepõe à especialização. Igualmente importante é a velocidade com que isso acontece, uma vez que as próprias tecnologias geram outras cada vez mais potentes (Schwab, 2016). Consideramos que as questões abordadas por Schwab em *A quarta revolução industrial* estão inseridas no contexto da sociedade do conhecimento e merecem entrar na pauta de discussões de gestores e profissionais que buscam compreender melhor as mudanças em curso, as quais estão levando à obsolescência de muitas habilidades no mundo do trabalho. Voltaremos, portanto, ao tema, ainda neste capítulo.

Entendemos, leitor, que a reflexão sobre o que caracteriza a sociedade do conhecimento é requisito indispensável para organizações e indivíduos, em prol de um novo posicionamento no que tange à gestão de pessoas. Destacamos aqui quatro termos que, em nosso entendimento, caracterizam a sociedade do conhecimento: velocidade, tecnologia, conexão entre saberes, compartilhamento. O que você destacaria? No quadro 1, apresentamos uma síntese para sua reflexão.

Quadro 1

Características da sociedade do conhecimento

Categorias	Elementos explicativos
Período	A partir do final do século XX.
Termos correlatos	Sociedade da informação, sociedade pós-industrial, sociedade pós-moderna.
Protagonistas	Conhecimento, inteligência, criatividade, inovação.
Dimensão tempo-espaço	Tempo líquido, fluidez, aceleração, ausência de fronteiras.
Elementos impulsionadores	Tecnologia, globalização.
Diferencial	Informação, crenças, valores, formação, visão de mundo, articulação, reflexão, questionamento, compartilhamento.
Transformações em curso	Inteligência artificial, robótica, internet das coisas, veículos autônomos, impressão 3D, nanotecnologia, biotecnologia.

Fonte: adaptado de De Masi (1999) e Schwab (2016).

Considerando, finalmente, que a globalização é um dos impulsionadores da transição da sociedade industrial para a do conhecimento, como ela surgiu e de que forma interfere no ambiente de negócios, de forma geral, e na gestão de pessoas, em particular? Você já parou para refletir sobre isso, caro leitor? É o que propomos, então, na próxima seção.

O fenômeno da globalização

Globalização é tema que vem sendo discutido a partir de diferentes perspectivas, tais como a econômica, a gerencial, a sociológica, a histórica, entre outras. As obras de Aktouf (2004), Bauman (1999), Castells (1999), Giddens (2000), Santos (2000), além de tantas outras, são exemplos da riqueza de pontos de vista acerca desse fenômeno. Entendemos que a globalização não representa propriamente um fenômeno recente. Na verdade, desde eras bem remotas, o ser humano tem procurado ampliar as fronteiras da produção e do comércio entre as nações como forma eficaz para garantir incrementos de produtividade e o escoamento dos excedentes de produção. O fenômeno, contudo, ganhou força na pauta de discussões mundiais a partir da década de 1990, quando a abertura de mercados e a integração econômica ganharam visibilidade. Mas que movimentos, caro leitor, permitiram a eclosão da globalização?

Entendemos que as transformações de caráter sociopolítico ocorridas a partir de fins da década de 1980 do século XX, como o fim da Guerra Fria e o colapso do bloco socialista, encabeçado pela União Soviética, provocaram a abertura de países do Leste europeu ao modelo ocidental, de origem capitalista. A queda do muro de Berlim, em novembro de 1989, é considerada um marco simbólico dessa transformação.

Além da abertura de caráter político, podemos destacar, leitor, o crescimento vertiginoso de potências como os Tigres Asiáticos, grupo formado por Hong Kong, Cingapura, Coreia do Sul e Taiwan. Esse grupo investiu em um modelo industrial exportador e, considerando variáveis como o investimento em educação e a mão de obra abundante e barata, impulsionaram os negócios em âmbito global. Outra mola propulsora da globalização foi a formação de blocos importantes, como o Mercosul, em 1991, na América do Sul, o Nafta, em 1993, na América do Norte, e a União Europeia, também em 1993, na Europa, constituindo alianças em prol do fortalecimento da economia de cada uma das regiões. Por fim, a criação de organizações internacionais, como a Organização Mundial do Comércio (OMC), que surgiu em 1994, contribui para a estruturação de negociações e acordos comerciais entre países-membros, aspecto fundamental para o desenvolvimento econômico global.

Diante do exposto, caro leitor, podemos afirmar que a globalização se dá em um ambiente capitalista, próprio da economia de mercado. Parece não haver dúvidas de que um de seus grandes traços é a derrubada de barreiras geográficas, com consequente potencial de ampliação dos negócios em nível mundial. A interdependência entre países, organizações e indivíduos é uma realidade nesse cenário (Vergara, 2016).

Entendemos que esse contexto torna, obviamente, a competição mais acirrada, em razão do aumento do número de *players* no mercado. Nesse sentido, acreditamos que as condições não são iguais para todos. Fazer negócios em ambiente global é uma oportunidade, mas também revela a vulnerabilidade daqueles que não estão preparados.

Os aspectos positivos que podem ser identificados nesse fenômeno estão relacionados às novas oportunidades que surgem a cada dia para organizações e profissionais que estão à frente de seu tempo. No Brasil, o potencial de crescimento das *startups* em vários segmentos, por exemplo, é grande (Santos, 2015). Na esteira da globalização, parcerias e alianças também crescem em busca de maior competitividade. É o caso, por exemplo, da B3, a bolsa de valores no Brasil, que hoje é fruto da união da BM&F Bovespa com a Cetip. No que se refere ao consumidor, de forma geral, a globalização traz oportunidades em termos de mais opções de produtos e serviços. Por fim, o acesso a informações em âmbito global configura-se como uma possibilidade de avanços tanto para organizações quanto para indivíduos.

Do ponto de vista das vulnerabilidades, países mais pobres, organizações ultrapassadas e profissionais pouco qualificados são presas fáceis nesse cenário e acabam sendo engolidos por aqueles que apresentam condições superiores. Carlos (2002:171), por exemplo, aponta problemas gerados pela globalização, considerando que se trata de um fenômeno que se apresenta como "um dado absoluto, portanto abstrato, imposto brutalmente, de modo indiscriminado às sociedades e aos territórios". Nessa visão crítica, a chamada "nova ordem mundial" estaria corroendo as culturas locais e causando a desterritorialização do ser humano e de suas atividades, comprometendo assim valores fundantes da sociedade, em especial em países menos desenvolvidos, que acabam por assumir uma posição de dependência e submissão aos ditames do capital internacional. Como resultado, risco de desemprego, aumento de desigualdades sociais, analfabetismo digital (falta de conhecimento sobre novas tecnologias ou até mesmo falta de acesso a elas), entre outros problemas, que sempre foram realidade em países pobres, tendem a se acentuar (De Masi, 1999). Pochmann (2012:13) também destaca uma série de problemas que a aceleração da globalização, nos termos vivenciados nas últimas décadas, trouxe para os profissionais. Na sua percepção, "o jogo de forças do mercado, incluindo o comércio, o movimento de capitais e da mão de obra não opera no sentido da igualdade". A desigualdade econômica internacional levaria, então, ao aprofundamento das dificuldades dos países menos desenvolvidos e também dos indivíduos de menor qualificação. Os efeitos da globalização seriam, assim, benéficos apenas para um grupo restrito de profissionais, detentores de maior poder de barganha, em função das competências diferenciadas que possuem, as quais tornam seu valor mais elevado no mercado de trabalho. Para a grande maioria, seria um processo ligado à precarização do trabalho, à perda de direitos anteriormente conquistados, em função da ampliação da concorrência e do aprofundamento das pressões por produtividade que levam a restrições financeiras crescentes, gerando, entre outros efeitos, a busca pela redução das despesas com pessoal.

Para analisarmos o fenômeno de forma mais crítica, é importante destacarmos a visão de autores que se contrapõem aos que enxergam a globalização como uma "maravilha da contemporaneidade". Não podemos ser ingênuos, deixando de perceber o outro lado das características do mundo contemporâneo, muitas vezes apresentado como muito mais moderno do que o que havia no passado, mas que carrega consigo contradições e problemas diversos. Trata-se, porém, de uma realidade que não pode ser ignorada e que apresenta importantes impactos sobre as relações de trabalho e a gestão de pessoas. Veja, por exemplo, caro leitor, que em relatório publicado em 2016, o Fórum Econômico Mundial alertou para o fato de que 7 milhões de empregos poderão não mais existir até 2020, em decorrência da tecnologia. China, Índia e Brasil podem ser os mais afetados. Isso significa, caro leitor, que o desafio para o Brasil e outros países em situação semelhante é criar as condições para a qualificação de seus profissionais. Tarefas repetitivas estão com os dias contados. Permanecer nesse estágio é aceitar a condição de novo analfabeto (ou analfabeto digital), como abordado por De Masi (1999). Urge, então, a aquisição e o desenvolvimento de novas habilidades, que agreguem questões humanas, tecnológicas e conhecimentos especializados.

Além dos problemas inerentes ao fenômeno, paradoxos têm sido cada vez mais visíveis nos dias atuais. Considerando que a abertura econômica implicou o aumento da circulação não só de produtos e serviços, mas também de pessoas, uma proteção ora velada, ora explícita é, no mínimo, algo contraditório. Na Europa, movimentos separatistas e a questão do nacionalismo são um exemplo. Casos como a saída do Reino Unido da União Europeia (Brexit) e o movimento pela independência da Catalunha, que é parte da Espanha, têm sido bastante veiculados na imprensa. Da mesma forma, o controle das fronteiras na Europa para impedir a entrada de refugiados tem sido pauta constante de discussões e ganhou repercussão no mundo. Já nos Estados Unidos, o protecionismo comercial foi, em 2016, pauta e promessa de campanha do presidente eleito Donald Trump, que se mostrou favorável à proteção do emprego dos norte-americanos, dificultando a ocupação dos postos de trabalho por estrangeiros. Casos de extremismo político e de terrorismo, como os atentados que vêm ocorrendo desde o 11 de Setembro, nos Estados Unidos, também poderiam ser citados sem, obviamente, esgotar o assunto. De todo modo, contradições fazem parte de qualquer processo, e formas de lidar com cada situação merecem ser discutidas.

No quadro 2, apresentamos uma síntese dos principais elementos relacionados ao fenômeno da globalização, de modo a contribuir para sua compreensão.

Quadro 2

O fenômeno da globalização

Categorias	Elementos explicativos			
Antecedentes	Fim da Guerra Fria	Derrocada do bloco socialista, abertura política nos países do Leste europeu.	Fortalecimento dos Tigres Asiáticos.	Formação de blocos e criação de organizações internacionais.
Características	Capitalismo	Abertura de mercados e integração econômica.	Concorrência acirrada.	Interdependência entre nações, organizações e indivíduos.
Oportunidades	Novas posições de trabalho para os indivíduos qualificados	Mais opções de produtos e serviços para o consumidor.	Acesso a informações.	Parcerias e alianças.
Riscos	Desigualdade social	Desemprego.	Novo analfabetismo.	Terrorismo.
Paradoxos	Protecionismo comercial	Movimentos separatistas.	Nacionalismo.	Extremismo político.

Fonte: adaptado de De Masi (1999) e Schwab (2016).

No Brasil, os efeitos da globalização foram amplamente sentidos, sobretudo, a partir da abertura comercial e das privatizações, medidas adotadas pelo governo Collor (1990-1992) para facilitar a entrada de investimentos estrangeiros no país e estimular a eficiência das empresas brasileiras via aumento da concorrência. Para Santos (2009:10),

> o aumento da competição se daria por meio da quebra do protecionismo estatal sobre as empresas aqui instaladas e com a possibilidade de entrada de produtos e empresas estrangeiras mais desenvolvidas e capazes de forçar o desenvolvimento da qualidade da produção e dos produtos brasileiros.

Um dos casos mais emblemáticos é o da indústria automobilística. Se nos tempos do fordismo, o cliente podia escolher o carro da cor que quisesse, contanto que fosse preto, até o início dos anos 1990 do século XX, o brasileiro podia escolher qualquer carro, desde que fosse de uma das quatro montadoras aqui instaladas. Em outras palavras, a concorrência estava restrita às quatro *grandes*, protegidas pela reserva de mercado.

Entendemos, caro leitor, que a globalização, de modo geral, levou à hipercompetição. No caso brasileiro, especificamente, a liberalização econômica dos anos 1990 foi inicialmente sentida nos setores de bens intermediários e de capital, espraiando-se, na sequência, para os setores de bens de consumo (Hay, 2000). Para continuar no mercado, as empresas viram-se forçadas a investir em tecnologia e a reestruturar seus processos de trabalho, de modo a aumentar a produtividade e melhorar a qualidade dos produtos. Algumas, no entanto, não resistiram à hipercompetição e encerraram suas atividades. Outras seguiram lidando com as pressões do mercado, como veremos na próxima seção.

A questão dos recursos e a produtividade

Como sugere Schwab (2016), a globalização é equivalente à industrialização, não sendo possível detê-la. Sendo assim, cabe a cada um de nós – indivíduos, organizações e países – criar as condições necessárias para enfrentarmos os desafios crescentes inerentes ao fenômeno. Em âmbito mundial, um desafio comum é, sem dúvida, a escassez de recursos. Petróleo, água, energia, entre outros recursos têm sido alvo de discussão de especialistas, tanto por conta do impacto do custo de tais recursos na cadeia de valor de vários segmentos quanto pela possibilidade de seu esgotamento no futuro. A Agenda 2030 para o Desenvolvimento Sustentável, elaborada pela Organização das Nações Unidas (ONU), por exemplo, deixa explícita a preocupação com a questão dos recursos, contemplada de forma direta e indireta nos 17 objetivos para transformar o mundo. No âmbito dos negócios, essa realidade se volta para uma busca por mais eficiência e pressões por produtividade.

Nesse contexto, a economia compartilhada ou colaborativa vem despontando como uma alternativa para o uso mais eficaz e mais integrado dos recursos disponíveis (Sarfati, 2016). Trata-se de um modelo de negócios atrelado, sobretudo, à inovação disruptiva. Mas o que seria isso exatamente, leitor? É o caso, por exemplo, das plataformas que eliminam intermediários nas cadeias de valor, como o Uber, no segmento de transportes, ou o Airbnb, no mercado de hospitalidade. Seguindo a mesma lógica, opções como Mercado Livre, OLX, entre outras, aproximam consumidores, revolucionando o varejo tradicional. Diversos outros exemplos têm surgido a cada dia, uma vez que a porta de entrada costuma ser a existência de negócios obsoletos somada a tecnologias exponenciais, o que transforma de forma radical o que se tinha até então.

Considerando que Uber, Facebook e Airbnb, por exemplo, são empresas que se destacam no cenário mundial sem contar com frota própria de veículos, criar conteúdo ou possuir imóveis, respectivamente, Schwab (2016:28) levanta a questão se "vale a pena possuir a plataforma ou o ativo subjacente". Para o autor, as transações decorrentes da lógica da economia compartilhada oferecem ganhos econômicos para todos os envolvidos, em razão da redução de custos gerada pelo uso de plataformas digitais. De forma complementar, Sarfati (2016:26) entende que "em uma economia colaborativa, a posse de coisas perde o sentido e a aspiração passa a ser intangível, traduzida em experiências sociais significativas".

O que se vê no campo da economia colaborativa é o uso da tecnologia e do conhecimento para alavancar negócios e atuar em um cenário de pressão por produtividade. Mas explorar essas possibilidades não é algo exclusivo das novas organizações ou, pelo menos, não deveria ser. Consideramos que indivíduos e organizações de qualquer natureza podem e devem recorrer à conectividade e ao compartilhamento de conhecimento para melhorar a eficiência de seus negócios e inovar, ampliando seu padrão de competitividade. De que forma isso pode ser feito, caro leitor? Entendemos que o investimento em pessoas é o primeiro passo. Investir na formação e no desenvolvimento de equipes, na diversidade no ambiente de trabalho e na capacitação das pessoas para a aquisição de competências voltadas para o trabalho no futuro são medidas que se impõem às organizações contemporâneas.

Diante do exposto, há quem considere a discussão sobre a centralidade das pessoas na sociedade contemporânea algo secundário, o que acaba, muitas vezes, sendo negligenciado. Entendemos, tal como Egger (2015), que a tecnologia por si só não gera valor. Para que faça sentido, ela precisa estar conectada às pessoas. Contudo, o aparato tecnológico muitas vezes se sobrepõe às questões humanas. A explicação pode estar no que De Masi (1999:96) chamou de "lebre da tecnologia" e "tartaruga da mentalidade". Isso significa que as pessoas, de modo geral, não estão preparadas para o trabalho hoje e, menos ainda, no futuro. Enquanto a tecnologia avança de forma acelerada, nossos modelos mentais ainda são industriais, cartesianos, dependentes da lógica *the best way*, tão propagada pela administração científica. Essa constatação contribui para a compreensão da crise de produtividade no Brasil.

Entendemos, como Schwab (2016), que a produtividade é um elemento decisivo para o crescimento de longo prazo e padrões de vida crescentes. O que percebemos, no entanto, é que muitas organizações, na busca pela eficiência, adotam medidas voltadas para a redução de custos, em lugar de investir na revisão de seus modelos de gestão e nas relações de trabalho. Otaviano Canuto, diretor do Banco Mundial para o Brasil, foi bastante incisivo sobre a questão da produtividade, em entrevista concedida sobre globalização e reformas. Para Canuto (2017:11), "faz mais de 30 anos que a produtividade neste país está tendo um crescimento anêmico". Ele afirma ainda que "temos um ambiente de negócios que é inimigo do investimento em aprendizado tecnológico. Ele envolve desperdícios de recursos humanos em atividades que não agregam valor". Embora sejamos contrários ao termo recursos humanos, uma vez que pessoas não são recursos, mas geradoras deles, concordamos com essa falta de alinhamento entre a qualificação dos profissionais, as pressões por produtividade e as competências requeridas atualmente.

Como alerta Schwab (2016), postos de trabalho estão desaparecendo e profissões estão sendo ameaçadas. Outras, contudo, estão surgindo. O futuro do trabalho é agora. Lidar com as mudanças é, portanto, tarefa de gestores e de cada um de nós como profissionais, como veremos na próxima seção.

As mudanças e seus reflexos sobre as organizações

As rápidas mudanças de ordem política, econômica, social e tecnológica fazem emergir o chamado mundo VUCA, no qual as organizações têm desafios crescentes na busca da competitividade. VUCA é um termo que teve origem no ambiente militar norte-americano na década de 80 do século XX. Está relacionado à situação dos soldados no *front* de guerra (Raghuramapatruni e Kosuri, 2017). É um acrônimo que, em português, significa volátil, incerto, complexo e ambíguo. O que significa, por exemplo, um mundo volátil, caro leitor? Você já parou para pensar quanto tempo invenções como o rádio e a televisão demoraram em ganhar o público e se consolidar? Muitos anos, não é? Por outro lado, o Facebook, o Twitter e outros canais de base tecnológica ganharam rapidamente a adesão dos usuários. Isso faz parte de um mundo volátil, ou seja, exponencial, imediato, disruptivo. O mundo atual é, também, incerto. Veja, por exemplo, a menção a Martel (2015), que fizemos no início deste capítulo. Nossas certezas, sim, são precárias, o que consideramos algo, de certa forma, positivo. Nada mais coerente com a lógica do conhecimento e da experiência do que a dúvida, o questionamento, a ausência de certezas. A dúvida, a reflexão, o questionamento e as discussões produzem novos conhecimentos. Por outro lado, um mundo incerto é um mundo que nos reserva surpresas, como a vitória de Donald Trump nas eleições americanas de 2016. Até as pesquisas mais pessimistas indicavam a vitória de Hillary Clinton, o que não aconteceu. Um mundo incerto é, portanto, imprevisível, improvável. O mundo atual é, ainda, complexo. Isso significa dizer que as economias, países e organizações, de modo geral, estão conectados uns aos outros, ou seja, são interdependentes, mas, muitas vezes, não fica evidente o que é causa e o que é efeito, conforme Gracioso (2017) sugere sobre a era Trump e movimentos de proteção ou pós-globalização. Trata-se, portanto, de um mundo hiperconectado, interdependente e caótico. Por fim, o mundo atual é ambíguo. A tecnologia, por exemplo, que, por um lado, amplia as possibilidades de contato, nos une em redes sociais, por outro, nos torna, muitas vezes, solitários cercados por informações. Da mesma forma, ao mesmo tempo que se destaca a importância das pessoas, da construção do conhecimento como fonte de vantagem competitiva, retrocessos são revelados, como as discussões sobre as condições de trabalho análogas à escravidão ocorridas no Brasil, em 2017. Trata-se de algo, portanto, contraditório, paradoxal.

Diante do exposto, leitor, desafios são postos às organizações, aos gestores e a todos que transitam pelo mundo do trabalho. Que desafios são esses? Que competências são requeridas dos profissionais? São questões que merecem nossa reflexão.

No campo organizacional, um primeiro grande desafio diz respeito ao posicionamento que se pretende assumir diante do atual ambiente de negócios. A mudança organizacional será vista como uma alternativa para a sobrevivência da organização ou como um meio para a evolução? Para Motta (1998:XVI), as organizações mais exitosas

> mantêm-se em mudança permanente. [...] Aderem intimamente ao futuro. [...] Seus gestores deixam-se vulneráveis a críticas e ao aprendizado. Buscam a inovação como forma de desenvolvimento e não como um mero aperfeiçoamento de suas práticas passadas.

Assim, o que podemos depreender, inicialmente, é que a mudança organizacional não é uma opção, embora revele tanto posturas reativas quanto proativas. Outro ponto que chama a atenção nesse contexto é como gerenciar a mudança. Mas o que é mudança organizacional? Para Lima e Bressan (2003:25),

> mudança organizacional é qualquer alteração, planejada ou não, nos componentes organizacionais – pessoas, trabalho, estrutura formal, cultura – ou na relações entre a organização e seu ambiente, que possam ter consequências relevantes, de natureza positiva ou negativa, para eficiência, eficácia e/ou sustentabilidade organizacional.

Sendo assim, questões recorrentes quando se fala em mudança organizacional nos remetem a *o que mudar* e *como mudar* (Pinto e Couto-de-Souza, 2009), o que, obviamente, vai exigir um exercício de leitura do ambiente interno da organização, dos objetivos a serem alcançados, bem como das forças externas e dos cenários que podem ser delineados. Na área de gestão, modelos de mudança são abundantes e plurais. Podem ser úteis como referências, mas sua adoção deve ser feita com cautela, de modo a evitar meros modismos (Motta, 1998). Concordamos com Motta (1998:XVI) quando alerta que "estudar a mudança não é só procurar unidade e coerência entre modelos, mas enriquecer-se no conhecimento de suas variedades, superposições e complementações". Um modelo que tem boa aceitação tanto por acadêmicos quanto por gestores é o de Kotter (1996, 1998), que prevê oito etapas para o sucesso da implementação de mudanças. Elas são apresentadas no quadro 3.

Quadro 3
Modelo de Kotter

Etapas	Descrição
Estabelecer um senso de urgência.	Examinar o mercado e as realidades competitivas. Identificar e analisar crises, ameaças e oportunidades.
Criar uma coalização para a liderança.	Reunir um grupo com poder suficiente para liderar a mudança. Garantir que esse grupo trabalhe como uma equipe.
Desenvolver visão e estratégia.	Criar uma visão que ajude a direcionar os esforços de mudança. Desenvolver estratégias para atingir esses objetivos.
Comunicar a visão da mudança.	Utilizar todos os veículos possíveis para comunicar constantemente a nova visão e suas estratégias. Fazer com que o grupo responsável pela liderança do processo modele o comportamento esperado dos funcionários.
Dar *empowerment* aos funcionários para realização de ações abrangentes.	Eliminar os obstáculos. Modificar os sistemas de estruturas que obstruem a visão de mudança. Encorajar os funcionários a assumirem riscos e estimular ideias, atividades e ações não tradicionais.
Gerar vitórias de curto prazo.	Planejar visões de ganhos ou melhorias de performance. Criar esses ganhos. Reconhecer visivelmente e recompensar as pessoas que tornaram esses ganhos possíveis.
Consolidar os ganhos e produzir mais mudanças.	Utilizar o aumento de credibilidade para modificar sistemas, estruturas e políticas que não estejam harmonizados entre si e não sejam adequados à visão da mudança. Contratar, promover e desenvolver pessoas que possam implementar a visão da mudança. Revigorar o processo com novos projetos, temas e agentes de mudança.
Incorporar as mudanças à cultura da organização.	Gerar melhoria de performance por meio de comportamento orientado para o consumidor e para a produção, aumentar e melhorar a liderança e criar um gerenciamento mais efetivo. Articular conexões entre os novos comportamentos e o sucesso da organização. Desenvolver maneiras de assegurar o desenvolvimento de lideranças e sucessão.

Fonte: Pinto e Couto-de-Souza (2009:619).

Você, leitor, já vivenciou processos de mudança organizacional? Veja o exemplo apresentado a seguir, que talvez possa lhe ser útil para refletir sobre questões inerentes ao tema. O exemplo mostra os problemas detectados em um processo de mudança organizacional, que poderiam ter sido evitados com o auxílio de um modelo de referência.

A empresa XYZ*, atuante no segmento de medicina de grupo, foi criada na década de 1960 do século XX. Foi administrada por médicos durante muitos anos. Contudo, a partir de 2000, a gestão passou a ter como executivo principal o filho do fundador da empresa, com formação em economia. A partir de então, outros cargos gerenciais passaram a ser ocupados por profissionais não médicos. A empresa, desde sua criação, atuava em duas frentes de negócios – operadora de planos de saúde e rede própria –, apesar de ter um desenho organizacional de empresa única. Com a nova gestão, mudanças foram realizadas, sendo uma das principais a criação da XYZ Rede, em 2004. No entanto, o processo de mudança organizacional levado a efeito pela empresa não foi bem-sucedido por conta de uma série de erros. Um deles diz respeito à ausência de senso de urgência por parte dos gestores. Outro erro verificado está ligado à ausência de uma coalização administrativa forte, uma vez que não havia um grupo com poder suficiente para liderar o processo de mudança. O desconhecimento de direcionadores estratégicos também foi apontado como um erro crucial. Outro ponto diz respeito à comunicação que, embora abundante, era ineficiente. Além do exposto, o fato de muitos gestores ficarem paralisados diante de dificuldades prejudicou a mudança. Por fim, a falta de visibilidade de metas e resultados alcançados também comprometeu o andamento do processo.

Os seis pontos principais que minaram o sucesso do processo de mudança organizacional na empresa em questão estão previstos no modelo de Kotter, sugerido como referência para outros processos de mudança que, porventura, venham a ser implementados. Foram ainda destacadas três variáveis que exercem forte influência na implementação da mudança. No caso da empresa XYZ, o processo sucessório recente é uma delas. O fato de a empresa ser familiar também deve ser considerado, sobretudo por conta das características culturais desse tipo de empresa. A resistência à mudança por parte dos membros da empresa deve, também, ser avaliada. Diante do processo executado, verificamos que o modelo de Kotter poderia ser adotado com cautela, levando-se em conta as peculiaridades da empresa.

Fonte: adaptado de Pinto e Couto-de-Souza (2009).
*Nome fictício, embora o relato seja real.

O exemplo apresentado traz à tona a importância da liderança em processos de mudança, tema de que trataremos no capítulo 4. Menciona, também, a resistência à mudança, questão que permeia grande parte dos processos e que merece a atenção por parte dos gestores e da área de gestão de pessoas. Sobre esse tema, acreditamos, como Hernandez e Caldas (2001), que, ao contrário do que o senso comum costuma afirmar e muitos gestores acreditam, as pessoas não são naturalmente resistentes a mudanças. Um dos principais fatores que podem contribuir para a ocorrência de problemas nesse sentido seria justamente a maneira inadequada como os processos de mudança são conduzidos, em especial quando são instituídos de cima para baixo, sem qualquer envolvimento das pessoas afetadas. A participação teria, portanto, um papel fundamental para evitar a resistência, como veremos no capítulo 2.

Entendemos que, quando aspectos objetivos e subjetivos se juntam, quando as pessoas são convidadas a expressar suas emoções e a construir significados, a mudança pode deixar de ser um "monstro aterrorizante", como revela a pesquisa de Silva e Vergara (2003), e assumir um viés positivo, desnudando oportunidades até então não vislumbradas. O exemplo traz, ainda, a cultura organizacional, constituída por elementos – valores, crenças e pressupostos, rituais, sagas e heróis, estórias, tabus e normas – que exercem influência significativa não só nos processos de mudança, mas no direcionamento que é dado à gestão de pessoas na organização (Freitas, 2007).

Autores como Aktouf (2005:81) consideram que, no atual cenário, a organização bem-sucedida é "aquela que, em sua estratégia e em sua gestão, colocará, em ordem prioritária de cuidado e preocupação, primeiramente o empregado, em seguida o cliente e finalmente o acionista". Esse entendimento, obviamente, insere as pessoas no centro dos negócios, o que é congruente com a lógica da sociedade do conhecimento.

Diante do exposto, um olhar mais humano deve ser dirigido à gestão de pessoas para lidar com os impactos gerados pelas mudanças no ambiente de negócios. Que questões, então, merecem a atenção dos gestores?

Acreditamos que a primeira questão é a reestruturação da área de gestão de pessoas. No passado, a área era conhecida como Departamento de Pessoal, em razão da natureza de suas atividades. Documentos, contratos, folha de ponto, folha de pagamento, entre outros elementos de cunho operacional eram as preocupações dos profissionais da área, o que caminhava em linha com a lógica da sociedade industrial. Com o tempo, novas funções foram sendo incorporadas, e as dimensões funcionais da gestão de pessoas ganharam certo destaque. Quais são essas dimensões, leitor? As principais são recrutamento e seleção, treinamento e desenvolvimento, gestão de desempenho e remuneração. Mas foi a partir do início do século XXI que as discussões sobre os novos papéis da área de gestão de pessoas vieram à tona. Desde então, percebemos um movimento de transição do RH tradicional para o chamado RH estratégico (Ulrich, 2000). Trata-se de uma iniciativa para elevar a área de gestão de pessoas a uma posição estratégica dentro da organização. Nesse contexto, o RH estratégico tem quatro papéis de destaque, quais sejam: parceiro estratégico, agente de mudança, especialista administrativo e defensor dos funcionários. O RH atua como parceiro estratégico quando participa do processo de definição das estratégias da organização, junto com a alta administração. O agente de mudanças contribui para identificar e administrar processos de mudança na organização, criando modelos de transformação e estimulando o comprometimento de todos. O especialista administrativo atua de modo a obter a eficiência dos processos de gestão de pessoas ligados às dimensões funcionais. Por fim, o defensor dos funcionários identifica possíveis necessidades dos indivíduos e busca recursos para atendê-las, se for o caso. Entendemos que a perspectiva apresentada por Ulrich (2000) está longe de ser completa, mas representa uma oportunidade para a revisão do posicionamento da área de gestão de pessoas nos dias atuais.

Além dos papéis apresentados por Ulrich (2000), leitor, advogamos que a área de gestão de pessoas e os gestores em geral devem estar sintonizados com a dinâmica posta pela sociedade do conhecimento, o que inclui, muitas vezes, se antecipar aos movimentos da organização. Sendo assim, *design thinking*, *storytelling*, *gamification*, entre outras abordagens contemporâneas devem ser consideradas quando discutimos as possibilidades de um RH estratégico e as competências requeridas dos gestores. Você conhece tais abordagens, leitor? *Design thinking*, por exemplo, é uma abordagem voltada para a solução de problemas complexos, de forma coletiva e colaborativa, a partir de questionamentos e experimentação. É centrada no ser humano (Brown, 2017). Empresas como a Cielo incorporaram o *design thinking* às suas atividades ligadas à gestão de pessoas. O programa Jovens Talentos 2018 da empresa irá utilizar a abordagem na seleção de futuros estagiários e *trainees*. Os candidatos terão a oportunidade de utilizar o *design thinking* durante o processo seletivo para resolver problemas reais de clientes da empresa (ABRH, 2017). *Storytelling*, por sua vez, é uma abordagem ligada à construção de narrativas, com base em informação e emoção. Vale-se da arte interativa para dar sentido a experiências, incentivando a imaginação dos ouvintes (Palacios e Terenzzo, 2016). *Gamification*, por seu turno, é uma abordagem voltada para a resolução de problemas por meio da utilização de jogos, que são parte de uma intervenção. A abordagem visa, também, promover o engajamento dos indivíduos, o que tende a produzir soluções mais criativas e inovadoras (Deterding et al., 2011). Que outras abordagens você conhece, leitor? Independentemente da área de atuação, entendemos que profissionais do século XXI devem abrir-se a novas possibilidades, não no sentido de seguir modismos, mas de alimentar a curiosidade intelectual. Nesse sentido, a área de gestão de pessoas poderia ganhar, portanto, outros papéis, como o de *designer*, de *storyteller*, de *gamer* e outros que possam fortalecer suas bases para gerar valor e lidar com os desafios de um mundo VUCA.

Consideramos que uma segunda questão relevante é a diversidade. Como afirmam Vergara e Gomes (2012:287), diversidade diz respeito às "diferenças individuais entre pessoas", o que inclui gênero, etnia, opção sexual, faixa etária, origem geográfica, história de vida, entre outras variáveis. Por que lidar com a diversidade é algo complexo? Uma explicação é que nossos modelos mentais ainda caminham a passos de tartaruga (De Masi, 1999), ou seja, nossa memória ainda está presa à padronização, à perspectiva única, à única solução adequada, tal como prega o modelo industrial. Uma segunda explicação passa pela possibilidade de conflitos decorrentes das diferenças individuais. Você já reparou como a intolerância a opiniões diferentes se propagou nos últimos tempos nas redes sociais? No mundo digital, pessoas bloqueiam o outro e são bloqueadas porque pensam de forma diferente. E na vida real? Iremos bloquear colegas de trabalho, clientes, fornecedores ou qualquer outra pessoa que não seja um espelho das nossas opiniões? Pense sobre isso, leitor, pois conflitos são inerentes à condição humana e podem ser positivos, dependendo da forma como são gerenciados. Uma terceira explicação está ligada ao preconceito, o que nos remete ao aspecto cultural, tanto no âmbito das organizações quanto do país. A cultura brasileira exerce forte influência na cultura das organizações, o que esclarece, em parte, pressupostos, tabus, normas e outros elementos culturais. Outras explicações para a complexa tarefa de lidar com a diversidade poderiam ser citadas, mas não é nossa intenção aqui esgotá-las.

Cabe destacar a importância de trazer à tona a diversidade, como uma questão que pode contribuir para a geração de conhecimento nas organizações, no âmbito da sociedade contemporânea. Brindar a diversidade é abrir espaço para a subjetividade, para uma perspectiva plural não só no ambiente de trabalho, mas na vida em sociedade. Entendemos que enquanto o preconceito limita as possibilidades, a diversidade expande. Nas organizações, investir na formação e no desenvolvimento de equipes heterogêneas, multidisciplinares, certamente resultará em múltiplas perspectivas da realidade. A riqueza advinda da diversidade anula a versão única, a melhor solução. Novas visões de mundo contribuem para a criatividade e a inovação, competências indispensáveis nos dias de hoje. Sendo assim, advogamos que diversidade não é uma questão que deva ser imposta. Ela deve ser parte da cultura das organizações. Organizações e indivíduos abertos ao aprendizado abraçam naturalmente a diversidade. Diante do exposto, entendemos que a questão deve merecer a atenção de gestores neste mundo volátil, incerto, complexo e ambíguo. No terceiro capítulo, voltaremos a tratar desse tema.

Outra questão que nos chama a atenção diz respeito às novas formas de trabalho. O teletrabalho é uma delas. Estimativas resgatadas por Barros e Silva (2010) indicam que, até o ano de 2050, metade da população ativa no mundo estará atuando em regime de teletrabalho. Trata-se de um sinal importante, pois práticas de flexibilização do trabalho, reflexos de mudanças tecnológicas, exigem e continuarão a exigir uma reconfiguração das relações de trabalho. O teletrabalho apresenta vantagens e desvantagens, tanto para os indivíduos quanto para as organizações. Sua adoção deve ser avaliada levando-se em consideração os objetivos, os envolvidos, a natureza das atividades, as políticas de gestão de pessoas da organização, entre outras variáveis. Trataremos de forma mais específica desse tema no próximo capítulo.

Ainda sobre a flexibilização, uma estrutura que vem sendo disseminada no mercado, por conta do crescimento das organizações exponenciais, é a *staff on demand*, termo que indica a contratação pontual, conforme a necessidade do projeto ou da empresa (Ismail, Malone e Geest, 2015). Essa estrutura permite que custos fixos com pessoal sejam reduzidos, uma vez que evita a ociosidade em momentos de poucos negócios. Para os profissionais autônomos, a estrutura pode ser atraente, pois dá liberdade para que o indivíduo aloque seu tempo nos projetos que julgar mais oportunos. Obviamente, essa flexibilidade não é para todos. Profissionais mais requisitados por conta de suas competências conseguem usufruir dos benefícios dessa estrutura. Por outro lado, profissionais pouco qualificados para atuar na sociedade do conhecimento sofrerão os impactos da emergência de novas estruturas de trabalho. Nesse contexto, consideramos que o tema merece entrar na pauta de discussões de gestores, profissionais da área de gestão de pessoas e demais profissionais vinculados ou não a uma organização específica.

Nessa mesma linha, outras variações relativas ao mundo do trabalho, regulamentadas em 2017 pela reforma trabalhista brasileira, devem ser observadas. Um dos suportes da reforma diz respeito à possibilidade de redução do desemprego. Independentemente de sua posição sobre o assunto, leitor, são pontos que precisam estar no radar dos gestores e de todos aqueles que atuam no atual ambiente de negócios.

Outra questão que merece destaque é a expatriação. Para Gonzalez e Oliveira (2011), a globalização, sobretudo as mudanças de base econômica, provocou um aumento do fluxo de indivíduos que residem em outro país em caráter temporário ou definitivo, em decorrência de razões profissionais. Para as organizações, a expatriação constitui um esforço para ampliar a presença no mercado global. Para os indivíduos, a possibilidade de fazer carreira internacional pode ser atraente. De todo modo, chamamos a atenção para os desafios relacionados à integração dos indivíduos e às questões culturais. Esses pontos podem ser decisivos para o desempenho que a organização espera ao lançar mão da expatriação, uma vez que têm implicações em termos de produtividade, motivação e comprometimento dos profissionais. No próximo capítulo, essa questão será resgatada para análise.

Além do exposto, caro leitor, entendemos que é tarefa dos gestores discutir as competências requeridas para o trabalho no futuro e de que forma as organizações podem promover o desenvolvimento das pessoas. É igualmente importante que o indivíduo assuma a responsabilidade por sua carreira, investindo em autoconhecimento e em autodesenvolvimento. Mas que competências, leitor, estão despontando?

Entendemos que profissões que têm como foco a especialização e a repetição, valorizadas na sociedade industrial, tendem a desaparecer. Por outro lado, profissionais que associam a tecnologia a conhecimentos de sua área de atuação tendem a ganhar espaço. É o caso, por exemplo, de advogados que associam direito e tecnologia ou médicos que incorporam os avanços tecnológicos à sua *expertise*. Conhecimentos e habilidades complementares podem, portanto, fazer a diferença. O Fórum Econômico Mundial apresentou, em seus estudos sobre o trabalho no futuro, 10 habilidades top (*top 10 skills*) para os profissionais em 2015. São as seguintes: (1) capacidade de resolver problemas complexos; (2) colaboração; (3) gestão de pessoas; (4) pensamento crítico; (5) negociação; (6) controle de qualidade; (7) orientação a serviços; (8) capacidade de julgamento e decisão; (9) escuta ativa; (10) criatividade. No relatório publicado em 2016, as *top 10 skills* foram atualizadas para os profissionais em 2020. O futuro chegou, caro leitor. Vamos ver, então, cada uma delas?

A competência número 1 continua sendo a capacidade de resolver problemas complexos, isto é, situações nunca antes vistas, que apresentam diagnósticos incompletos, que possuem elementos contraditórios ou ainda que estão em evolução. Em uma perspectiva macro, é o caso, por exemplo, do terrorismo ao redor do mundo ou do combate à pobreza.

O pensamento crítico é a competência número 2. No início deste capítulo, destacamos a precariedade das certezas. Agora, retomamos a questão por estar em linha com a segunda competência requerida de profissionais em 2020. Pensamento crítico implica reflexão e questionamento. Implica abraçar a dúvida. É uma competência que leva à busca por inúmeras alternativas para problemas organizacionais ou da vida em sociedade.

Em terceiro lugar, está a criatividade. Trata-se de uma competência humana, que cada um de nós, leitor, pode desenvolver. Criatividade figura como uma das palavras de ordem em uma sociedade na qual falamos, a todo momento, sobre novos produtos e serviços, novos problemas surgem e novas soluções são requeridas. Para lidar com o *novo*, é preciso *criar*. Veja que no período de apenas cinco anos, criatividade saiu da décima para a terceira posição na lista do Fórum Econômico Mundial. Merece, portanto, sua atenção, leitor.

A gestão de pessoas aparece como a competência número 4. Pessoas constituem o grande diferencial das organizações contemporâneas. Como abordamos neste capítulo, somos todos diferentes, o que torna a tarefa de lidar com pessoas algo extremamente complexo, mas, também, fascinante. Mesmo com todos os avanços tecnológicos, essa competência não perde a razão de ser.

A colaboração aparece em quinto lugar. É uma competência ligada diretamente à interação entre pessoas. Ter forte vínculo, também, com a gestão de pessoas. Entendemos que colaboração é um dos elementos que movem a construção e o compartilhamento do conhecimento nas organizações.

A inteligência emocional, que não figurou entre as *top 10* de 2015, aparece agora em sexto lugar. Parece não haver mais dúvidas sobre a importância de combinar objetividade e subjetividade, razão e intuição, concordâncias e discordâncias, de modo a lidar melhor com a dinâmica organizacional. Entendemos que a inteligência emocional exerce influência direta na comunicação, na tomada de decisão, no trabalho em equipe e nas interações de forma geral, sobretudo em ambientes competitivos e incertos. Nesse sentido, incluí-la na lista das *top 10* significa dar foco às dimensões humanas no mundo do trabalho.

A capacidade de julgamento e decisão aparece como a competência número 7. Na primeira seção deste capítulo, falamos sobre dados, informações e conhecimento. Coletar dados relevantes e transformá-los em informação são bases para uma tomada de decisão consistente. O profissional do futuro precisa explorar as possibilidades de gerar conhecimento para ampliar sua capacidade de julgamento e de tomar decisões.

A competência 8 é a orientação a serviços. Implica aprender o que os consumidores pensam e como se comportam, de modo a não só atender às necessidades de produtos e serviços, mas também se antecipar a elas. Entendemos que é uma competência que merece destaque em organizações privadas e também no âmbito das organizações públicas e do terceiro setor.

Negociação aparece como a competência número 9. Em tempos de parcerias e alianças, a capacidade de discutir propostas e realizar acordos é indispensável. Negociar exige interação entre pessoas; exige conhecimento humano, o que revela o *status* dessa competência.

Por fim, a flexibilidade cognitiva, que também não apareceu entre as 10 mais de 2015, desponta agora. Trata-se da capacidade de pensar considerando várias alternativas. É uma competência que exige agilidade mental, articulação. Aprender coisas novas, fora do seu âmbito de atuação, pode contribuir para estimular essa competência. Se você, por exemplo, é um profissional da área de gestão de pessoas, por que não estudar assuntos ligados à tecnologia da informação ou à economia? Essa iniciativa certamente deixará sua mente mais flexível.

Apresentamos aqui, caro leitor, as competências discutidas no âmbito do Fórum Econômico Mundial, bem como as atualizações em termos do que será importante para o mundo do trabalho no futuro. Elas são sintetizadas no quadro 4.

Quadro 4
Competências requeridas para o trabalho no futuro

Competências 2015	Competências 2020
Capacidade de resolver problemas complexos	Capacidade de resolver problemas complexos
Colaboração	Pensamento crítico
Gestão de pessoas	Criatividade
Pensamento crítico	Gestão de pessoas
Negociação	Colaboração
Controle de qualidade	Inteligência emocional
Orientação a serviços	Capacidade de julgamento e decisão
Capacidade de julgamento e decisão	Orientação a serviços
Escuta ativa	Negociação
Criatividade	Flexibilidade cognitiva

Fonte: Fórum Econômico Mundial (2016).

Além do exposto, acreditamos que, para lidar com as mudanças em curso, indivíduos e organizações devem ser resilientes. Mas o que é resiliência? É tema que tem origem na física, mas que vem sendo cada vez mais utilizado no campo da gestão (Irigaray, Goldschmidt e Queiroz, 2017; Vergara, 2008). Originalmente, diz respeito à capacidade de um material de voltar ao seu estado inicial quando cessada a força que lhe oprime ou deforma. Está, portanto, ligada à capacidade de elasticidade. De forma análoga, indivíduos, organizações e até países são considerados resilientes quando conseguem se recuperar das adversidades que os oprimiram. No entanto, concordamos com Vergara (2008) ao lembrar que, ao contrário do que ocorre na física, não voltamos ao estado original. Indivíduos, organizações e países têm capacidade de aprender com a experiência. Nas palavras de Vergara (2008:713), trata-se da "ressignificação de algo", competência considerada fundamental na sociedade do conhecimento.

Outras competências, certamente, poderiam ser listadas. Outras, provavelmente, estarão sendo discutidas quando este livro chegar às suas mãos. Essa circunstância revela a dinâmica da sociedade contemporânea. Entendemos que as organizações precisam se preparar para ir além dos tradicionais programas de treinamento e desenvolvimento de pessoas. Estratégias que combinem aprendizado individual e coletivo, base teórica, tecnologia e arte, simulações e *job rotation*, processos de *coaching* e de mentoria, entre outras podem fazer a diferença na qualificação dos profissionais. Entendemos, também, leitor, que cabe a cada um de nós essa tarefa. De que forma você está se preparando para o trabalho no futuro? Pense sobre isso. No capítulo 3, discutiremos outros pontos de vista ligados às competências do futuro.

***

Neste capítulo, abordamos as principais características da sociedade do conhecimento. Apresentamos a tecnologia e a globalização como seus elementos impulsionadores. Destacamos, também, o que Schwab (2016) denomina quarta revolução industrial, bem como as transformações que estão em curso. Na sequência, discutimos as principais questões relacionadas ao fenômeno da globalização. No caso do Brasil, apresentamos seus efeitos a partir da década de 1990 do século XX. Em um terceiro momento, tratamos da escassez de recursos e das pressões por produtividade no atual ambiente de negócios. Por fim, apresentamos o conceito de mundo VUCA e os reflexos das mudanças de toda ordem que atingem as organizações, os gestores e todos que atuam no mundo do trabalho.

Esperamos, leitor, que você possa refletir sobre as questões levantadas neste capítulo, bem como discuti-las com seus pares, gestores ou outros indivíduos que tenham interesse em compreender melhor como o conhecimento é construído e de que forma pode ser compartilhado. Esperamos, ainda, que você mantenha uma postura de abertura ao aprendizado, de modo a desenvolver as competências necessárias para fazer a diferença tanto no futuro do trabalho quanto na sociedade em transformação.

No próximo capítulo, discutiremos as tendências da gestão organizacional contemporânea. Analisaremos como os modelos de gestão e as práticas ligadas à gestão de pessoas evoluíram, influenciando as relações, as atividades e o ambiente de trabalho.

2

Tendências organizacionais na sociedade do conhecimento

Como vimos no capítulo anterior, o mundo está passando por uma série de mudanças que, obviamente, impactam as organizações, gerando a necessidade de adoção de novos modelos de gestão mais adaptados à ambiência ora vivenciada. A gestão de pessoas também precisa adaptar-se, adotando pressupostos e práticas que se revelem adequados aos desafios agora enfrentados.

É verdade que existem muitos modismos gerenciais. Constantemente surgem "gurus" corporativos oferecendo soluções mágicas que, segundo seus formuladores, vão revolucionar as organizações e proporcionar significativos ganhos a quem seguir as "receitas de sucesso" que propagam. Essa também é uma consequência de tantas turbulências. Diante do novo e da insegurança que ele costuma gerar, muitas pessoas se transformam em presas fáceis de toda sorte de soluções "mágicas", capazes de lhes assegurar a confiança perdida em meio à desconstrução dos valores que abraçavam até então. Essa ressalva é importante para que possamos distinguir as mudanças que realmente se fazem necessárias daquelas que não representam nada além de uma mera propaganda de técnicas inconsistentes, vendidas como panaceias gerenciais travestidas de métodos revolucionários.

O fato, porém, é que não podemos ficar inertes frente a tudo o que está acontecendo nem, muito menos, apegados a modelos e práticas que podem ter sido bem-sucedidos no passado mas que, no novo contexto organizacional, revelam-se inadequados. Neste capítulo esperamos trazer a você, caro leitor, uma visão a respeito das mudanças que estão ocorrendo na gestão de pessoas diante das alterações vivenciadas pela sociedade e pelas organizações de trabalho.

Começaremos destacando ideias que sustentaram os modelos de gestão que prevaleceram até o final do século XX. Como veremos, muitos dos valores ali listados continuam a ser adotados por gestores que, tendo sido educados e iniciados profissionalmente no antigo contexto, acabaram por naturalizar práticas hoje obsoletas sem perceber sua inadequação à ambiência contemporânea.

Valores da era industrial

Alvin Toffler foi um dos pioneiros na percepção das grandes mudanças que estavam por ocorrer no final do século passado. Em seu livro *A terceira onda* (Toffler, 1980), ele antecipou as tendências que se consolidariam na década seguinte e que mudaram radicalmente a sociedade e as organizações. Em sua concepção, estava começando a terceira grande revolução vivenciada pela humanidade. A primeira ocorreu há milhares de anos, quando o ser humano aprendeu a cultivar a terra e a criar animais para o abate. A chamada revolução agrícola determinou o fim da pré-história e o início da idade antiga. Depois, com o surgimento da máquina a vapor, inventada em 1738 e sua larga utilização na produção industrial nos dois séculos seguintes, observou-se o advento da Revolução Industrial, trazendo profundas mudanças para o mundo, as organizações e as pessoas. No final do século passado, com os avanços nas tecnologias de informação, começou a surgir, então, o que ele chamou de sociedade superindustrial, conhecida por outros autores, como Drucker (1999), como pós-industrial e pós-capitalista e, mais recentemente, como do conhecimento, tal como abordamos no capítulo 1.

Quatro décadas se passaram desde a publicação da obra citada, e já ficou evidenciado que uma nova sociedade realmente surgiu. Contudo, diversos dos valores e práticas de gestão que foram desenvolvidos na era industrial, tendo sido pensados para a realidade da primeira metade do século XX, continuam a ser adotados em muitas organizações. Mesmo gestores que já nasceram na chamada sociedade do conhecimento costumam adotá-los, em consequência de terem sido educados em escolas e universidades cujos currículos estão ainda impregnados de pressupostos industriais. Como bem observou Morin (2011), os processos educacionais mantidos pela quase totalidade das instituições de ensino está ainda impregnado de valores do século XX, como a divisão especializada do trabalho e a padronização. Esses e outros princípios similares refletem-se em currículos formados por disciplinas estanques, na formação acrítica e no estímulo à mera memorização de conceitos, entre outras características inadequadas ao que se espera hoje de um profissional.

Esse tipo de educação está alinhado com os valores da era industrial, quando cabia aos indivíduos um papel bem distinto do atualmente observado. No lugar de alguém com iniciativa, criatividade e autonomia, características hoje normalmente atribuídas a um bom funcionário, o que se esperava era disciplina e obediência. Não era preciso criar ou inovar, sendo esse um papel reservado exclusivamente aos gestores. Bastava fazer exatamente o que era determinado pelos superiores hierárquicos. Vejamos, então, os principais valores que sustentavam a organização do trabalho naquela época.

Os valores do mundo industrial estão fortemente ancorados na visão tradicional de conhecimento, hoje conhecida como cartesianismo, em referência a René Descartes (1596-1650), um dos filósofos que mais influenciou o modo de pensamento moderno. Para ele, seria necessária a busca constante de explicação racional dos fenômenos sociais, privilegiando-se a lógica matemática e rejeitando-se análises subjetivas (Descartes, 2001). A extrema objetividade com que muitos gestores tentam entender o mundo e as pessoas é uma típica herança cartesiana. Esquecem-se, porém, que as pessoas, as organizações e a sociedade por elas constituídas, são naturalmente carregadas de subjetividade e imprevisibilidade.

Francis Bacon (1561-1626) foi outro pensador muito influente na construção do racionalismo que marcou não apenas a época em que viveu, mas perdurou pelos séculos seguintes, estando na base do modelo industrial de gestão. Para Bacon, somente seria válido o conhecimento construído por meio de um cuidadoso método de investigação, de modo a obter-se a comprovação empírica e irrefutável das descobertas efetuadas. Sua abordagem foi também marcada por um forte pragmatismo, com severas críticas à filosofia tradicional, centrada em valores humanistas mais abstratos (Bacon, 2000). Esse pensamento permeia a excessiva valorização da prática e certa repulsa ao estudo mais aprofundado de teorias e valores que muitos manifestam atualmente. Bacon (2000:33) chegou a afirmar que a filosofia clássica seria um conjunto de "palavras de velhos ociosos a jovens ignorantes" e os atuais gestores pragmáticos parecem acreditar piamente nisso.

Vale também destacar a contribuição de Isaac Newton (1642-1727), cujos estudos centraram-se na descoberta de leis universais, como a da inércia e a da gravidade, que determinariam a ocorrência dos fenômenos naturais (Poskitt, 2003). Para Newton, tudo o que ocorre na natureza seria passível de ser previsto, explicado e controlado a partir do momento em que o ser humano compreendesse essas leis. O racionalismo e o determinismo que estão implícitos nessa visão de mundo influenciaram fortemente a ciência moderna, com estudiosos das mais diversas áreas seguindo essa busca de racionalização e controle. A administração, em sua abordagem clássica, ou seja, nas primeiras teorias sistematizadas, foi bastante impregnada por essa característica.

Um dos principais articuladores do pensamento da era industrial foi Frederick Taylor, engenheiro industrial que procurou trazer para o campo da gestão da produção a cientificidade que marcou sua época (1856-1917). Seguindo o modelo clássico de ciência, ele acreditava que para todo e qualquer problema existia sempre uma única resposta certa, que seria determinada pela aplicação dos métodos adequados de pesquisa. Esse pressuposto impregnou fortemente sua contribuição e o comportamento de seus seguidores. Propôs, por exemplo, que os gerentes adotassem um processo de cinco etapas para alcançar o máximo de eficiência produtiva em qualquer atividade que precisasse ser desenvolvida (Taylor, 1911):

- encontre um grupo de cerca de 10 trabalhadores que se mostrem especialmente hábeis no desempenho da tarefa a ser realizada;
- estude o modo como eles trabalham, verificando detalhadamente como realizam as operações produtivas;
- cronometre o tempo que cada trabalhador dedica a cada movimento elementar, escolhendo, então, aquele procedimento que se revele mais rápido;
- elimine todos os movimentos ineficientes, incluindo os mais lentos e os inúteis, que poderiam ser dispensados sem prejuízos ao resultado final;
- reúna os melhores movimentos, estabelecendo um padrão que deverá, então, ser seguido por todos.

Fica claro, então, que, no modelo industrial, não havia espaço para a diferenciação do trabalho conforme as características e habilidades de cada trabalhador. Independentemente de quem estivesse realizando uma tarefa, ela deveria ser executada da mesma maneira. Padronização das operações produtivas era, assim, uma das bases fundamentais desse modelo.

Outro princípio proposto por Taylor foi a seleção dos trabalhadores com bases científicas, buscando-se sempre o que ficou popularizado como "o homem certo no lugar certo". Por meio de estudos ergonômicos, era buscada a pessoa que tivesse melhor adequação a cada cargo, com base, principalmente, em sua compleição física (altura, força e outros atributos) e habilidades motoras específicas (Taylor, 1990).

Uma vez selecionados, os operários deveriam ser treinados no padrão estabelecido para os processos produtivos. Essa foi outra base do modelo industrial: o adestramento dos trabalhadores com base em roteiros e processos rigidamente definidos. O caro leitor pode estranhar esse termo, uma vez que adestrar é um verbo normalmente aplicável a cachorros, cavalos e outros animais, mas é isso mesmo: o treinamento tradicional, típico desse modelo de gestão, limitava-se a induzir as pessoas a seguirem padrões estabelecidos sem que, necessariamente, os compreendessem. Algo bem distinto, portanto, das modernas práticas de educação corporativa que contemplam a busca do crescimento integral do indivíduo.

Outra proposta de Taylor que marcou fortemente os modelos de gestão foi o princípio do controle, segundo o qual cada trabalhador precisaria ser rigidamente monitorado para que não deixasse de cumprir de forma adequada suas obrigações produtivas (Taylor, 1990). Na base da percepção dessa necessidade, estava a crença de que o trabalho não é uma atividade gratificante por si mesma, sendo, antes, uma imposição para a sobrevivência do indivíduo e sua correta inserção na sociedade. Esse tipo de pensamento de Taylor pode ser visto, como destacam Ferreira et al. (2009), como uma consequência de sua formação *quaker*, grupo religioso fundamentalista que se orienta pela Bíblia de maneira literal. A história bíblica diz que Adão e Eva viviam no Paraíso dispondo em abundância de tudo de que precisavam sem que fosse necessário qualquer esforço para obtê-lo. Após terem pecado, porém, Deus os expulsou do Éden e disse, conforme narrado em Gênesis 3 verso 17: “Maldita é a terra por tua causa; em fadigas obterás dela o sustento durante os dias de tua vida”. Ou seja, o trabalho é visto como um castigo e não como algo bom e agradável.

Ainda hoje, podemos perceber essa conotação negativa quando vemos, por exemplo, alguém dizer para outro que encontra a caminho do trabalho: “E aí, vamos para a guerra?”. Outra expressão muito utilizada é “trampo”. Antes de se popularizar como sinônimo de trabalho, essa palavra significava armadilha, ardil, trapaça. Esse é um valor que pode prejudicar bastante a relação do indivíduo com o trabalho, ao atribuir à atividade laboral um sentido tão negativo.

Como destaca Albornoz (2017), a palavra trabalho tem origem no latim *tripalium*, que designava um instrumento com pontas de madeira afiada ou ferro, com o qual os agricultores batiam o trigo, o linho e o milho para rasgá-los e esfiapá-los. É uma palavra derivada do verbo latino *tripaliare*, que significa torturar. Podemos estabelecer um contraste com aqueles que se dedicam a alguma atividade sem vínculos profissionais, que são chamados de amadores, palavra derivada de amar, de gostar. Percebe, caro leitor, a grande diferença? Por trás de muitos problemas enfrentados hoje nas organizações, relacionados à desmotivação e à perda de qualidade de vida no trabalho, pode estar esse pressuposto.

Taylor também defendeu a separação entre a concepção e a execução do trabalho, cabendo aos gestores e profissionais de nível superior, em especial os engenheiros, a primeira responsabilidade, devendo os operários limitar-se à segunda. Partindo desse pressuposto, afirmou que quanto mais próximo do cérebro de um boi fosse o cérebro do trabalhador, tanto melhor (Taylor, 1990). O bom trabalhador deveria, seguindo esse princípio, ser disciplinado e cumprir somente o que lhe era atribuído pelo seu supervisor, sem qualquer questionamento. Como pessoas inteligentes tendem a ser mais questionadoras, a burrice teria suas vantagens, ao tornar o operário mais dócil e disciplinado. Ferreira e Costa (2014) chamam a atenção para a forma como essa ideia foi incorporada pelos gerentes, sendo ainda hoje largamente invocada, podendo ser percebida em frases como: "Manda quem pode, obedece quem tem juízo"; "Ordens são para ser cumpridas e não discutidas" ou ainda "Você não é pago para pensar, é pago para agir".

Principalmente por esse último princípio, pode parecer a você, caro leitor, que Taylor foi uma pessoa abominável, que desprezava o trabalhador e desejava impor uma forma de gestão nociva aos operários. Essa também foi a percepção da central sindical norte-americana de sua época, que o acusou de ser o "inimigo número 1" dos trabalhadores e motivou a abertura de um inquérito contra ele por parte do Congresso. Não é esse o caso, acredite. Como destacam Ferreira et al. (2009), ele acreditava que a elevação da produtividade, objetivo maior dos métodos que propunha, poderia proporcionar benefícios a todos os envolvidos: os empresários aumentariam seu lucro, os trabalhadores precisariam se esforçar menos e poderiam receber melhor remuneração, e a sociedade contaria com produtos melhores e mais baratos. Suas propostas eram, assim, carregadas de um idealismo ingênuo, que fez com que ele chegasse a afirmar que a adoção dos métodos científicos de administração tornaria desnecessária a existência dos sindicatos, uma vez que o aumento de produtividade seria igualmente do interesse de patrões e empregados.

A harmonia e a convergência de interesses representam, por sinal, um dos valores mais caros ao modelo de gestão industrial. Henry Ford (1863-1947), outra figura de destaque na construção das bases do pensamento de gestão da primeira metade do século XX, dedicou especial atenção à busca da integração dos objetivos corporativos com os interesses dos funcionários. Uma de suas mais conhecidas medidas de gestão foi convencer os operários de sua fábrica de automóveis a buscarem obstinadamente a maior rapidez e eficiência do processo produtivo e a redução de custos, prometendo-lhes que chegariam a um valor de venda que permitiria a todos comprarem o automóvel que produziam. Conforme realçam Womack, Jones e Ross (2004), esse objetivo ficou ainda mais fácil quando, além de obter expressivas reduções de custo, Ford dobrou o salário de seus trabalhadores.

Ferreira et al. (2009) destacam que, ao dar aos operários acesso ao automóvel que produziam, Ford rompeu com uma das mazelas típicas do modo de produção industrial: pessoas fabricando bens que elas próprias jamais poderiam adquirir. Estava, assim, recompondo a ligação entre o trabalhador e o fruto de seu trabalho, o que pode ser considerado muito positivo e tem sido uma preocupação comum dos modelos de gestão contemporâneos.

O preço que precisou ser pago para que esse arranjo produtivo fosse viável foi, entretanto, bastante elevado. Em nome da preservação da harmonia e da manutenção da ordem no ambiente produtivo, Ford adotou práticas de gerenciamento que afrontavam as liberdades individuais, exigindo a observância de estritos padrões de comportamento, não só no trabalho mas até mesmo na vida pessoal. Grandin (2010) aponta algumas medidas adotadas por Ford que demonstram sua obsessão em controlar os trabalhadores. Criou, por exemplo, um Departamento Sociológico, encarregado de fiscalizar os detalhes mais íntimos da vida dos funcionários, incluindo até mesmo seus hábitos sexuais. Esse departamento tinha por objetivo disseminar os valores preconizados por Ford, como a abstinência de cigarros e de bebidas alcoólicas e a manutenção da casa limpa e arrumada. Também combatia a aquisição de bens de consumo considerados fúteis, para que pudessem adquirir outros considerados mais relevantes, como lavadoras de roupa, aspiradores de pó, casas e, naturalmente, carros. Os inspetores não só visitavam as residências dos funcionários como também entrevistavam os vizinhos, para se certificarem que os operários mantinham uma vida social exemplar.

Qualquer deslize nos rígidos padrões estabelecidos era punido com demissão sumária. Grandin (2010) conta que um gerente veterano da Ford estava viajando em férias com a família quando foi parado por um policial rodoviário que lhe comunicou que tinha perdido seu emprego. Essa postura, de extremo rigor e também de expor impiedosamente os "desajustados", servia à manutenção de uma padronização obsessiva no comportamento, preservando a disciplina e garantindo a harmonia nas relações de trabalho. Como se vê, porém, o preço a pagar era muito elevado.

Ainda hoje, diversas empresas preservam esse foco na padronização de comportamento e no controle dos trabalhadores. A imposição de estilos de penteado, a proibição de usar barbas ou determinados tipos de cabelo e o controle da vida pessoal, mesmo em aspectos que em nada impactam o desempenho profissional, ainda é uma realidade para muitos. O Departamento Sociológico de Ford foi substituído pelo monitoramento das redes sociais dos funcionários, prática largamente utilizada pelas empresas para vigiar os hábitos de vida de seus empregados.

A padronização não se aplica apenas ao controle dos trabalhadores. Também no *marketing* Ford se notabilizou por oferecer um único modelo de carro, conhecido como Ford T, derivado de *standart* ou padrão. Não importando as necessidades ou preferências específicas dos clientes, todos tinham de adquirir o mesmo automóvel. Esse tipo de postura, centrada na facilidade da produção e não nos interesses dos clientes, era possível naquela época, devido à menor competição e ao preço imbatível que sua indústria praticava. Hoje, com certeza, seria impraticável.

Outro valor típico da era industrial foi a especialização excludente. Taylor adotou o princípio de simplificação dos processos produtivos, reduzindo a necessidade de competências especiais por parte dos trabalhadores, de modo a facilitar que qualquer pessoa, com um mínimo de treinamento, pudesse executar as tarefas que lhe eram atribuídas. Ford aprofundou esse processo, decompondo as operações fabris em tarefas as mais simples e repetitivas possíveis (Ferreira et al., 2009). Por um lado, essa fragmentação proporcionou maior velocidade na execução das tarefas e maior facilidade na seleção e no treinamento dos trabalhadores. Por outro lado, levou a uma superespecialização dos operários, que deixaram de dominar o ciclo do processo produtivo e, com isso, tiveram sua relação com o fruto do seu trabalho prejudicada. Charlie Chaplin (1936), em seu famoso filme *Tempos modernos*, retratou com maestria esse problema, colocando seu personagem Carlitos em uma linha de montagem na qual nada mais fazia a não ser apertar parafusos, o que acabou por deixá-lo transtornado, enlouquecido.

Outra consequência desse processo é a perda do poder de barganha por parte dos trabalhadores. Um marceneiro, por exemplo, representa um profissional qualificado, que não é encontrado com facilidade no mercado e, por isso, pode reivindicar melhores salários e condições de trabalho. Já um operário que apenas corta a madeira ou aperta parafusos, pode ser facilmente substituído e, em decorrência, não consegue negociar sua remuneração ou outras questões com a mesma capacidade de exercer pressão.

Esses são, entre outros, os valores do modelo industrial de gestão que sustentaram as práticas tradicionais a seguir abordadas.

Práticas de gestão organizacional

Em decorrência da adoção dos valores destacados na seção anterior, disseminaram-se práticas de gestão organizacional que, mesmo tendo sido desenvolvidas no início do século passado, continuam a ser adotadas hoje por muitas empresas. São abordadas, a seguir, algumas dessas práticas, destacando-se como elas influenciam as organizações e os indivíduos que as compõem.

Uma marca comum à gestão tradicional é a adoção de procedimentos fortemente burocráticos. A burocracia representa, como destacam Ferreira et al. (2009), o modelo que dominou a gestão organizacional a partir do século XIX, tendo sido sistematizado pelo sociólogo alemão Max Weber (1864-1920). Surgiu na área pública e sua adaptação ao gerenciamento empresarial veio como resposta à crescente complexidade adquirida pelas organizações, que não podiam mais ser geridas com base no empirismo e na improvisação. Uma das necessidades que a burocratização veio suprir é a delegação de autoridade a pessoas que não são proprietárias das empresas, não tendo, assim, o direito natural de gerenciar. Nesse modelo, a autoridade encontra-se no cargo e não no indivíduo, o que possibilitou a profissionalização da gestão. A adoção de rotinas padronizadas e normas de conduta claramente definidas também se destacou como facilitador do crescimento das estruturas empresariais sem perda do controle. Traz consigo, entretanto, algumas disfunções que podem se tornar um obstáculo à produtividade e um fator de desmotivação dos funcionários.

Uma dessas disfunções é a inflexibilidade, que consiste na rigidez na aplicação de padrões predeterminados sem considerar as especificidades de cada situação. Na gestão tradicional, os trabalhadores e especialmente os gerentes são estimulados a cumprir fielmente as regras e os procedimentos estabelecidos, tornando-se incapazes de perceber que há momentos em que suas ações e decisões deveriam se pautar em critérios distintos, de modo a adaptar-se a problemas e necessidades diferenciados. Em um contexto de grandes mudanças e forte despadronização, como o atual, essa prática revela-se muito danosa, podendo ocasionar injustiças e perda da capacidade de resolver problemas.

Outro problema é a indução à visão fragmentada. No modelo burocrático, cada membro de uma equipe ou organização é estimulado a concentrar-se apenas em suas tarefas e responsabilidades, sem se preocupar com as relações entre seu trabalho e o desempenhado pelos colegas. Frases como "Cada macaco no seu galho" e "Não se meta onde não é chamado" reforçam essa ideia e perenizam a prática de não envolvimento dos trabalhadores no processo produtivo como um todo. Muitos gestores limitam-se a estabelecer tarefas para seus liderados, sem a preocupação de explicar o contexto no qual elas estão inseridas. Um dos problemas que podem ser causados por essa prática é a adoção de comportamentos que, mesmo de forma inconsciente, revelam-se egoístas, uma vez que são orientados apenas para a tarefa em si, sem que sejam percebidas suas interfaces e consequências para o trabalho desempenhado por outras pessoas. Também costuma ser prejudicada a motivação para o trabalho, pois pouco orgulho do que faz tende a manifestar o trabalhador que não percebe como seu desempenho afeta processos organizacionais mais amplos.

As decisões muito concentradas representam outra disfunção da burocracia que marca as práticas tradicionais de gestão. Há gestores que temem delegar autoridade a seus liderados, mantendo sob sua responsabilidade direta todas as decisões que precisam ser tomadas, mesmo as mais simples e rotineiras. O primeiro prejudicado por essa postura é o próprio gerente, que fica sobrecarregado e não tem tempo para dedicar-se às atividades de maior complexidade que deveria cumprir, por exemplo, pensar estrategicamente e promover o aprimoramento contínuo dos processos de trabalho. Os liderados também são afetados, tendo de submeter-se à autoridade centralizada de seu supervisor, sem espaço para exercer sua criatividade e iniciativa e sentindo-se desprestigiados. Os clientes internos e externos também acabam sendo prejudicados, pois não conseguem uma rápida resposta para suas demandas. A própria qualidade das decisões tomadas fica comprometida, pois há detalhes do processo produtivo que somente são conhecidos pelos que nele estão diretamente envolvidos, pelos que estão na linha de frente da execução das tarefas. Trata-se, portanto, de um problema com graves consequências, que precisa ser solucionado.

O descomprometimento, outra mazela da gestão excessivamente burocrática, pode ser visto como uma consequência dos problemas já apontados. Um trabalhador que é cobrado a seguir estritamente as normas e rotinas estabelecidas, sem espaço para qualquer adaptação, que é induzido a manter uma visão fragmentada de seu trabalho e que está submetido a um gerente muito centralizador tende a não se sentir responsável pelo sucesso ou fracasso de suas ações. Vale resgatar a origem etimológica de "comprometido", palavra que significa aquele que está junto de uma promessa. Portanto, para favorecer o comprometimento dos liderados, os gestores precisam explicitar claramente qual a promessa, ou seja, o que eles ganharão caso seja alcançada a meta ou o padrão estabelecido. Algo similar ao que Ford fez, ao possibilitar a seus operários condições de adquirir o carro que fabricavam, como já citado. As práticas tradicionais de gestão, todavia, não costumam favorecer esse tipo de vínculo entre o sucesso da organização e o alcance de objetivos individuais dos seus trabalhadores. A apatia, a falta de interesse no trabalho é uma consequência comum dessa situação.

Quando o descomprometimento se agrava, pode-se chegar a um problema ainda pior, que é o favorecimento da corrupção. A inflexibilidade costuma gerar muitas dificuldades para os clientes, que podem, então, buscar "atalhos" para resolver suas demandas. Essa é uma causa comum das propinas e outros desvios que caracterizam a corrupção. Além dos prejuízos diretos ocasionados, os desvios e atos irregulares acabam degradando o ambiente de trabalho, desestimulando ainda mais o comprometimento e ocasionando, assim, um ciclo vicioso.

O corporativismo representa outra prática típica dos modelos de gestão muito burocráticos. Ele se manifesta quando os membros de uma corporação dedicam-se mais à defesa de seus próprios interesses do que ao alcance dos objetivos organizacionais. Esse problema pode manifestar-se tanto na organização como um todo quanto em grupos de interesse, popularmente conhecidos como "panelinhas". Os privilégios de alguns induzem, naturalmente, ao desprivilégio dos demais, podendo gerar forte descontentamento nos que não são contemplados pelo protecionismo que caracteriza essa prática. Com isso, ocorrem também o enfraquecimento do senso de equipe, quando essa insatisfação manifesta-se internamente nas organizações, e a perda da confiança por parte dos clientes, quando alcança os públicos externos.

Na gestão tradicional, costuma ocorrer também a substituição dos objetivos pelas normas, ou seja, os trabalhadores passam a se contentar com o simples fato de cumprir os regulamentos e padrões estabelecidos, despreocupando-se de alcançar as metas que deveriam buscar. Trata-se de um problema grave, que prejudica diretamente a eficácia organizacional. Afinal, nenhuma organização existe para cumprir normas, e sim para cumprir objetivos de produção ou prestação de serviços. Pouco ou nenhum orgulho pode advir, também, do simples fato de que as normas estão sendo cumpridas. O que gera entusiasmo é a percepção de missão cumprida, de conquista alcançada. Isso não quer dizer que as normas não sejam relevantes, mas elas são apenas um instrumento gerencial, não devendo ser percebidas como um fim em si mesmas.

Outro desvio de foco é a supervalorização das atividades-meio, que são aquelas relacionadas ao suporte administrativo, ao controle e outras ferramentas gerenciais. Tais atividades têm, sim, sua importância e precisam ser desempenhadas com cuidado. Porém, da mesma forma que as normas, podem, por vezes, desviar a atenção daquilo que deveria ser a prioridade: o alcance dos objetivos e o cumprimento da missão organizacional. Como os recursos (financeiros, físicos, de tempo...) são, por definição, limitados, a excessiva ênfase nos meios acaba por prejudicar o foco nas atividades-fim.

O formalismo excessivo representa mais uma prática relacionada ao excesso de burocracia. Formalizar significa documentar, registrar oficialmente. Trata-se, portanto, de uma atividade relevante em muitos casos, que precisa ser feita. De igual modo ao comentado em relação às normas e às atividades-meio, porém, o exagero em sua valorização é que caracteriza um comportamento disfuncional. Há organizações nas quais qualquer procedimento, ação ou decisão, por mais simples e rotineiro que seja, precisa receber um "de acordo" formal, com carimbos, assinaturas e medidas semelhantes. Com isso, costuma ser gerado um excesso de documentação, seja física ou virtual, que acaba por levar à perda de tempo e de esforço, prejudicando o desempenho dos trabalhadores e causando desânimo e irritação.

Além das disfunções típicas da burocracia aqui destacadas, há ainda outras práticas inadequadas que caracterizam a gestão tradicional, fundada nas bases do modelo industrial. Uma delas é a busca obsessiva da estabilidade, entendida como a consolidação de arranjos e resultados fixos ao longo do tempo. Dessa forma, valoriza-se o que já está estabelecido, temendo-se qualquer mudança que possa trazer desconforto e ameaçar o equilíbrio conquistado. Diante de qualquer questionamento sobre a pertinência dos padrões estabelecidos, há gestores que dizem: "Mas nós sempre fizemos assim, por que faríamos diferente agora?". Não percebem que as mesmas posturas que favoreceram o sucesso no passado podem agora induzir ao fracasso, diante das mudanças ocorridas no ambiente interno ou externo da organização, as quais, como sabemos, são cada vez mais rápidas e profundas.

Pode parecer estranho apresentar a estabilidade como algo negativo, mas repare, caro leitor, que o que estamos aqui criticando é a ênfase excessiva nessa condição, o que acaba por prejudicar a capacidade de adaptação, uma característica fundamental para as organizações contemporâneas. Certo nível de estabilidade é, sim, importante, mas ela precisa ser conjugada com o dinamismo; não pode ser estática. No lugar do apego aos arranjos já estabelecidos, que caracteriza os modelos tradicionais de gestão, é preciso, por vezes, desconstruir as práticas que vêm sendo adotadas. Esse, aliás, é o comportamento esperado de um profissional empreendedor, qualidade tão valorizada atualmente mas, por vezes, mal compreendida. Segundo Schumpeter (1984), um dos estudiosos clássicos desse tema, o empreendedorismo só é possível a partir da disposição para contestar, para discordar do que está estabelecido.

A busca exagerada por estabilidade está ancorada na crença de que as mudanças podem ser gerenciadas de tal forma que não causem impactos mais significativos nas organizações. Pessoas que partilham essa ideia costumam buscar somente a evolução incremental, ou seja, aquela que envolve apenas melhorar o que já existe, sem que sejam questionadas as bases dos modelos e práticas mantidos. Tal postura revela-se agora bastante inadequada, tendo em vista que as mudanças atualmente observadas caracterizam-se por serem muito profundas, exigindo, em geral, uma completa revisão nas bases do pensamento e da ação dos gestores. Quando são promovidas pequenas melhorias, pode acabar passando despercebida a necessidade de que modificações mais profundas sejam realizadas.

A crença em um mundo estável e previsível costuma induzir, também, à adoção de um processo decisório simples, baseado unicamente na aplicação de parâmetros já conhecidos e na repetição de escolhas efetuadas em momentos similares anteriormente vivenciados. March e Simon (1981) propuseram um roteiro bem definido para o processo decisório, contemplando sete passos: percepção de que há um problema a ser resolvido; análise detalhada desse problema; definição dos objetivos; levantamento de alternativas; comparação entre as opções de ação; escolha da alternativa mais adequada; e implementação da ação escolhida. A despeito de ser lógico e razoável, esse modelo revela-se simplista, pois não leva em consideração as diversas intercorrências que costumam estar envolvidas nas ações gerenciais, nem tampouco os aspectos não racionais das decisões.

O apego a decisões simples leva, então, à desconsideração dos múltiplos aspectos que precisam ser observados nos processos decisórios no ambiente de negócios contemporâneo. Hoje, antes de tomar uma decisão importante, o gestor precisa levar em consideração as questões humanas, financeiras, legais, mercadológicas, tecnológicas e culturais envolvidas. Uma opção que pareça muito interessante sob um ou mais desses aspectos pode ser fortemente desfavorável sob outros. Além disso, como bem destacou Motta (2004), o cotidiano de um gerente costuma ser bem distante da organização e previsibilidade apresentadas nos manuais tradicionais de gestão. Na sua percepção, a maior parte do tempo de um gerente é dedicada não a processos estruturados de escolhas racionais, e, sim, à resolução de problemas que surgem de maneira imprevista e que exigem respostas rápidas, em um *timing* incompatível com os métodos tradicionais de decisão.

A rigidez da hierarquia representa outra característica da gestão industrial, envolvendo o distanciamento entre os gestores e os liderados, os quais não são estimulados a interagir de modo aberto com seus superiores hierárquicos. Um exemplo dessa postura é uma empresa, cujo nome preferimos aqui preservar, na qual a área de gestão de pessoas tem por padrão alertar os estagiários recém-admitidos no sentido de que jamais devem dirigir a palavra a um gerente, a não ser que sejam solicitados a prestar alguma informação. Diversas empresas mantêm refeitórios e outros espaços exclusivos para os detentores de cargos de chefia, adotam crachás com cores diferentes para destacar claramente quem é gerente, entre outras medidas similares. Esse tipo de postura leva à criação de um "abismo" entre os gestores e seus liderados, o que pode ocasionar prejuízos à disponibilidade em cooperar e, principalmente, em apresentar ideias que poderiam contribuir para a melhoria dos processos produtivos.

Também caracteriza as práticas tradicionais de gestão a verticalização, que significa a concentração de todas as etapas do processo produtivo na própria empresa, procurando-se, assim, depender o menos possível de fornecedores ou prestadores de serviço externos. Essa é uma marca proeminente do fordismo. Henry Ford fazia questão de fabricar cada peça dos veículos que produzia, acreditando que, dessa forma, teria maior controle sobre a qualidade desses componentes e também um custo menor, por eliminar a margem de lucro que os fornecedores naturalmente incorporariam no preço de venda. Entre as aqui destacadas, esta é a característica do modo de produção industrial que menos se manteve, tendo em vista que, atualmente, a terceirização é uma opção de crescente aceitação.

A terceirização, por sinal, representa uma das diversas tendências da gestão organizacional contemporânea, conforme destacado a seguir.

Valores da era pós-industrial

Nas seções anteriores, abordamos valores e práticas típicas do mundo industrial. Vamos agora enfocar o que seriam as principais bases de uma gestão mais adequada aos tempos atuais que, conforme visto no início deste capítulo, possuem características bem distintas do ambiente de negócios no qual o modelo tradicional foi concebido.

Uma delas é o estímulo à adaptação, no lugar do apego à estabilidade. Conforme destacado, temos observado a ocorrência de mudanças em ritmo cada vez mais intenso, tornando rapidamente obsoletos não apenas produtos e tecnologias, como também estratégias e modelos de gestão. Em consequência, as mesmas práticas gerenciais que no passado conduziram uma organização ao sucesso podem, se mantidas, gerar agora o fracasso. Como mencionamos em seções anteriores, a estabilidade em si é um objetivo que não pode ser considerado inadequado, mas o problema é que ela costuma ser adotada com uma orientação estática. O ideal seria a estabilidade dinâmica, conforme proposto na teoria sistêmica de administração. Embora essa teoria não seja nova, ela mantém-se atual em seus postulados básicos, com destaque, entre outros aspectos, para a defesa da busca constante de integração das organizações com o ambiente no qual estão inseridas (Katz e Kahn, 1966). Tendo em vista o dinamismo que caracteriza a sociedade contemporânea, conforme já destacado, essa integração passa, naturalmente, pela adoção de uma postura aberta às mudanças.

No lugar das decisões simplistas que, como vimos, caracterizam as práticas de gestão tradicionais, nos modelos mais adequados aos tempos atuais incorpora-se a consciência de que os processos decisórios revestem-se de complexidade e exigem muitos cuidados. O primeiro fator que leva a essa situação são as mudanças constantes, que fazem com que a mera repetição de soluções antes adotada fique inviável ou, no mínimo, impertinente. Além disso, há, atualmente, um envolvimento muito mais forte dos chamados *stakeholders* ou públicos estratégicos, constituídos pelos acionistas, funcionários, clientes, fornecedores e comunidade, entre outros grupos. Se antes as decisões eram afetas quase que exclusivamente aos proprietários/acionistas e aos gestores que os representam, agora os demais públicos pressionam para que suas demandas sejam também consideradas. Há ainda um número muito mais significativo de leis que regulam as atividades econômicas em geral, criando restrições e impondo uma série de cuidados que precisam ser considerados na tomada de decisão. Assim, uma escolha mais relevante precisa ser agora precedida de uma criteriosa análise segundo os mais diversos aspectos: tecnológico, econômico-financeiro, mercadológico, psicológico-comportamental, ecológico, social e legal, em um processo bem complexo, portanto.

A necessidade da busca por educação continuada é outra marca da gestão contemporânea. Enquanto antes parecia bastar que fossem promovidas simples ações de capacitação dos funcionários, voltadas para a mera incorporação de habilidades produtivas, o foco hoje precisa ser ampliado. A constante aquisição de competências, aqui entendidas como um conjunto de conhecimentos, habilidades e atitudes que credenciam um indivíduo a exercer uma determinada função (Carbone et al., 2011) é um imperativo tanto para a carreira dos profissionais quanto para a produtividade das organizações. As ações de desenvolvimento não podem, porém, limitar-se aos treinamentos tradicionais, como destacamos no primeiro capítulo. É necessário que sejam promovidos processos educativos, no sentido mais amplo da palavra, incluindo o ensino formal e o não formal; presencial e a distância; o desenvolvimento técnico, cultural e interpessoal; e o autodesenvolvimento. Além disso, não apenas aspectos diretamente relacionados às necessidades profissionais, mas também o crescimento pessoal precisa ser favorecido, pois em uma visão mais holística, o bem-estar e o desenvolvimento individual são indissociáveis das competências necessárias ao trabalho.

A adoção de uma visão holística é, por sinal, outra mudança importante que está ocorrendo. No lugar da abordagem fragmentada das pessoas e fenômenos organizacionais que durante décadas dominou a teoria administrativa e outros ramos da ciência, essa visão privilegia um enfoque global das pessoas e dos fenômenos sociais. Redescobrindo valores como ética, prazer, alegria, comunhão e sua aplicação no dia a dia pessoal e profissional, o movimento holístico busca o resgate do equilíbrio interno do ser humano e sua harmonia com os semelhantes e a natureza. Com destacam Azenha e Marquezan (2000), o crescimento dessa abordagem está relacionado a uma série de ações de ruptura e protestos contra o modelo de modernidade imposto pela sociedade industrial, como os movimentos ecológico, pacifista, feminista e pelos direitos humanos. Combate, assim, o reducionismo cartesiano, destacado na primeira seção deste capítulo.

No que tange especificamente à gestão de pessoas, a adoção de uma abordagem mais holística induz a um entendimento mais adequado do funcionário como um ser humano e não apenas como "mão de obra", termo que, a despeito de ainda ser largamente empregado, reflete uma visão fragmentada na qual os operários são percebidos como meros fornecedores de força motriz para a execução de tarefas padronizadas. Afinal, são apenas "mão", podendo, portanto, ser dispensado o uso do cérebro e do coração, que simbolizam a capacidade crítica e os sentimentos.

Como demonstra Vergara (2016), vivemos em um mundo conectado em uma espécie de teia, onde as ações de um indivíduo influenciam fortemente o meio no qual ele está inserido e vice-versa. E isso não pode mais ser desconsiderado pelos que buscam um melhor entendimento dos aspectos humanos das organizações, incluindo não apenas os estudiosos do tema, mas também os gestores.

A terceirização é outra marca forte dos modelos de gestão atuais. No lugar da verticalização, privilegiada anteriormente por muitas empresas, conforme destacado, predomina agora a consciência de que é necessário que cada organização se concentre nas atividades que representam o centro de seu negócio, para as quais é, supostamente, melhor preparada e nas quais precisa ser mais competitiva. As atividades acessórias, complementares, tendem a se terceirizadas, ou seja, confiadas a outras organizações que passam, assim, a associar-se à empresa contratante, realizando parte de seu processo produtivo. Essa opção pode proporcionar consideráveis ganhos, tanto em termos de qualidade, pois quem é especialista em um determinado trabalho tende a desempenhá-lo de forma mais eficiente, quanto financeiros, pelo ganho de escala que as empresas que atendem a várias organizações possuem. Também proporciona às contratantes maior flexibilidade na admissão de profissionais e libera seus gestores para que se dediquem às atividades mais relevantes, que são as diretamente relacionadas à área-fim. Sabemos, porém, que tem trazido problemas e distorções, podendo ocasionar perdas para os funcionários e, em alguns casos, redução da eficiência para a organização. É preciso, assim, que os processos de terceirização sejam conduzidos de forma cuidadosa, de modo que representem não o mero repasse de atividades, e sim o estabelecimento de uma relação de parceria entre contratante e contratado (Soares et al., 2013).

Quanto à gestão de pessoas, para que a terceirização seja bem-sucedida é preciso que diversos cuidados sejam observados, como apontam Soares et al. (2013). Um deles é a gestão adequada dos contratos, nos quais devem ser incluídas exigências claras de capacitação para todos os profissionais alocados para atender à empresa. Outra medida importante é a garantia de que os terceirizados terão boas condições de trabalho, incluindo a percepção de uma remuneração justa. O acompanhamento da performance é outra necessidade latente. Precisam ser claramente definidos os parâmetros e os métodos que serão adotados para a avaliação do desempenho mantido, bem como para a tomada de providências sempre que correções e melhorias se fizerem necessárias. Além disso, é fundamental que, enquanto atuam na empresa contratante, estejam de fato integrados ao quadro de pessoal próprio, sem que sofram preconceitos e discriminações ou sejam percebidos como um corpo estranho.

A gestão participativa também constitui uma prática condizente com as necessidades organizacionais contemporâneas. A participação representa, como destaca Paiva (2016), uma das mais eficazes estratégias para favorecer o alcance de um dos maiores desejos manifestos pelos gestores de uma forma geral: comprometer os indivíduos com as metas organizacionais. Quando, no lugar de serem impostos, os objetivos corporativos são pactuados com os funcionários, eles tendem a ser mais bem aceitos.

Além disso, sabe-se que ninguém melhor para conhecer os detalhes de cada operação produtiva e os aspectos que precisam ser considerados nos processos de tomada de decisão do que aqueles diretamente envolvidos na execução, que estão "com a mão na massa", como se diz popularmente. Portanto, a gestão participativa tende a proporcionar mais qualidade aos processos decisórios, fazendo com que as escolhas efetuadas reflitam melhor as características e necessidades específicas de cada processo produtivo.

O chamado *empowerment* representa uma das propostas de gestão participativa e descentralizada que se popularizou nas últimas décadas, em meio a um conjunto de novas teorias e modismos gerenciais. Trata-se, como definem Scott e Jaffe (1998), de uma estratégia de delegação de autoridade aos funcionários, motivando-os a assumir responsabilidades e adotar padrões elevados de comportamento e produtividade. Certamente, não deve ser considerado uma "receita de sucesso", como costuma ser apresentado, mas, feita essa ressalva, devemos admitir que esse modelo apresenta, sim, uma interessante contribuição. Nessa proposta, juntamente com os aspectos comportamentais, manifestos na busca de envolvimento dos funcionários, é apregoada uma revisão da dinâmica organizacional e dos processos de tomada de decisão, de modo a dar mais poder a quem está "na linha de frente". Trata-se de uma característica de destaque, que a distingue do mero estímulo à participação que representa a tônica de outros métodos.

Nessa mesma direção, pode ser também apontada a necessidade de adoção de uma nova postura, oposta à hierarquia rígida que caracteriza a gestão tradicional: a valorização da iniciativa dos funcionários. A dissociação entre o pensar e o executar que, como vimos, caracteriza a abordagem clássica da administração, revela-se fortemente inadequada aos requisitos das organizações contemporâneas. No modelo pós-industrial, é essencial que todos os membros da empresa sejam convidados a pensar, criar e descobrir novas soluções para os problemas e que empreendam esforços pela melhoria contínua dos processos produtivos. Obrigar um indivíduo a limitar-se a cumprir ordens é um desperdício de talentos. Se o maior patrimônio de qualquer empresa é, atualmente, o conhecimento acumulado, por que deveríamos desprezar a capacidade que cada um de seus membros possui? Mesmo as pessoas de menor grau de escolaridade possuem o chamado conhecimento tácito, que é aquele obtido não pelo estudo sistemático, mas pelas vivências cotidianas, pela prática. A despeito de ser pouco sofisticado em termos intelectuais ou acadêmicos, trata-se de um conhecimento de grande valor, que não pode ser desperdiçado.

Por fim, vale destacar também a busca de inovações substitutivas no lugar da mera evolução incremental. Assim, em vez de simplesmente buscar melhorar o que já existe, as organizações se veem agora diante da necessidade de descobrir novas soluções e apresentar serviços e produtos realmente inovadores. Essa necessidade pode ser compreendida por tudo o que já foi exposto no começo desta seção, que apresentou as características peculiares do ambiente de negócios atual.

É certo que as tendências aqui destacadas não esgotam tudo o que está acontecendo no mundo das organizações contemporâneas de trabalho, até porque temos uma realidade muito diferente de um local para outro e entre as diferentes empresas. Há aquelas que continuam a ser gerenciadas a partir de modelos que foram desenhados para as necessidades típicas do início do século passado. Por outro lado, há também muitos métodos que são apresentados como grandes novidades, capazes de revolucionar a gestão e garantir o sucesso das empresas e de seus gestores, mas não passam de modismos inconsistentes e fora da realidade. É preciso, pois, que tomemos muito cuidado para não abraçarmos qualquer proposta vendida como solução definitiva para os problemas corporativos. Ainda mais quando se trata de uma área de conhecimento como a gestão de pessoas, que, pelas próprias características do ser humano – seu objeto central de atenção –, precisa trabalhar com a imprevisibilidade e a complexidade.

A próxima seção destaca os novos arranjos que estão ganhando espaço nas relações de trabalho, apresentando suas características e realçando, também, seus problemas e limitações.

Novas relações de trabalho

As relações de trabalho, como não poderia deixar de ser, estão passando por significativas alterações, em função das mudanças verificadas no ambiente de negócios e nos modelos de gestão. Como destacam Rocha-Pinto et al. (2007), o modelo de trabalho que valia para quase todas as pessoas na era industrial caracterizava-se por:

- ligação a um único empregador – cada pessoa trabalhava para uma única organização;
- realização nas dependências do empregador – para trabalhar, era preciso deslocar-se sempre para as instalações da organização;
- realização em tempo integral – além de possuir um só vínculo profissional, o indivíduo dedicava-se à organização em tempo integral;
- contratação por prazo indeterminado – as contratações eram efetuadas sem prazo previsto e os vínculos só se rompiam quando se manifestava alguma insatisfação por parte do funcionário ou dos gestores;
- trabalho era sinônimo de emprego, com carteira assinada e relação de subordinação.

É certo que já existiam, naquela época, pessoas que trabalhavam em arranjos alternativos, mas esses eram aplicáveis a uma minoria. No momento atual, muitos ainda permanecem em vínculos tradicionais, com as características aqui apontadas, mas um número crescente de pessoas exerce seus ofícios de uma forma bem distinta, podendo, por exemplo, atuar como:

- teletrabalhador – aquele que exerce suas atividades profissionais fora das dependências da organização, usando meios de comunicação eletrônica para manter-se em contato com seus colegas e supervisores, rompendo, assim, com a ligação direta entre vincular-se profissionalmente a uma empresa e deslocar-se para sua sede;

- terceirizado – presta serviços em organizações distintas daquela em que está registrado como funcionário, sendo contratado por empresas prestadoras de serviços a quem está oficialmente subordinado, a despeito de atuar nas equipes das contratantes;
- cooperado – trabalha por meio de uma cooperativa especializada, que reúne profissionais de sua área e presta serviços a empresas nos mesmos moldes dos terceirizados, diferenciando-se pelo fato de que os próprios cooperados são os sócios (exceto nos casos que infelizmente têm sido verificados com certa frequência, de falsas cooperativas, mantidas por pessoas que usam essa modalidade apenas para fugir aos encargos trabalhistas mas que, na verdade, mantêm com os indivíduos uma relação patronal velada);
- prestador eventual de serviços – contratado por recibo de pagamento a autônomo (RPA), executa tarefas determinadas, por um curto espaço de tempo (até três meses), possuindo, dessa forma, um vínculo bem específico e transitório;
- trabalhador temporário – contratado por meio de empresas registradas para este fim no Ministério do Trabalho, supre necessidades específicas de picos de trabalho, por exemplo, trabalhadores de fabricantes de chocolate na época que antecede a Páscoa;
- contrato intermitente – o profissional é convocado para atuar apenas nos momentos em que se faz necessária sua contribuição, por exemplo, nas empresas de eventos (formaturas, casamento e outros) que contam com um grupo de profissionais como garçons, recepcionistas e mestres de cerimônia que trabalham sempre que há demanda, possuindo, dessa forma, um vínculo diferenciado;
- pessoa jurídica (PJ) – o indivíduo abre uma empresa de consultoria, ou assessoria, ou ainda de representação comercial e passa a ser contratado por intermédio dessa empresa, mantendo com a contratante, dessa forma, não mais uma relação trabalhista e, sim, comercial;
- microempreendedor individual (MEI) – é um tipo de pessoa jurídica específico para profissionais listados na Lei nº 128/2008, como fotógrafos, pedreiros, costureiras, manicures e outros, que contam com processo simplificado para atuar de forma regular na sua profissão e podem, desde a

edição da lei, emitir notas fiscais, facilitando sua contratação por empresas, além de estarem inseridos no sistema governamental de proteção social.

Embora grande parte dos profissionais permaneça ainda vinculada ao modelo tradicional de relação de trabalho, é crescente o número dos que trabalham em um desses modelos alternativos aqui listados. A Lei nº 13.467/2017 facilitou a expansão desses modelos alternativos, tendo sido proposta e aprovada com base na suposição de que a flexibilização das relações trabalhistas que proporciona favorece a criação de mais vagas de trabalho e a formalização de vínculos até então mantidos na informalidade.

Trata-se, porém, de um tema controverso, pois o fim dos vínculos tradicionais significa, em muitos casos, a perda de direitos históricos, como férias remuneradas, 13º salário, Fundo de Garantia do Tempo de Serviço, entre outros. Será necessário um tempo maior de observação dos efeitos práticos obtidos para que seja possível verificar-se o que acabou preponderando: se os ganhos ou as perdas para os trabalhadores.

Rocha-Pinto et al. (2007) também destacam que outra importante mudança que está ocorrendo no mundo do trabalho é a presença de uma base tecnológica mais sofisticada, que levou à extinção ou redução de cargos menos qualificados. Assim, datilógrafos e digitadores são totalmente dispensáveis; telefonistas e ascensoristas existem em número reduzido; e secretárias, antes encontradas dando suporte a todos os cargos gerenciais, são agora restritas aos mais elevados na hierarquia.

Por outro lado, novas ocupações surgiram relacionadas a trabalhos mais qualificados, como *web designer*, gestor de relacionamentos com clientes e gestor de redes sociais, entre outras. Ocorre, então, um desequilíbrio no mercado de empregos, com profissionais que perderam o emprego nas ocupações extintas, não conseguindo se recolocar, e poucas pessoas em condições para exercer as funções mais qualificadas.

Essa situação gera, naturalmente, desafios para os gestores e também para os profissionais. Os primeiros precisam adotar estratégias adequadas para atrair e reter funcionários mais qualificados, enquanto os segundos necessitam capacitar--se para que não percam a condição de lutar por uma vaga em um mercado cada vez mais competitivo.

Tal competitividade, que tem como indutores principais a globalização e a tecnologia, alimenta a proliferação dos empregos com foco internacional, como veremos na próxima seção.

Internacionalização do trabalho, impatriação e expatriação de profissionais

Como vimos no primeiro capítulo, a quarta revolução industrial está alterando o mundo, o ambiente de negócios, as relações sociais, a vida cotidiana, bem como nossa forma de ser e de agir no âmbito da sociedade do conhecimento (Schwab, 2016). Desde a década de 1990, estamos observando a explosão dos negócios globais, em razão da abertura de fronteiras. Essa expansão atinge, também, a mobilidade dos profissionais, introduzindo a designação internacional como uma das tendências em termos de trabalho no século XXI.

Hitt, Miller e Colella (2013), por exemplo, destacam que um crescente número de profissionais está envolvido, como parte de suas rotinas diárias, em uma constante interação com outros países. Temos, assim, gestores financeiros que precisam monitorar as oscilações das principais bolsas de valores do mundo; *designers* e estilistas que acompanham as tendências da moda em outros países; empresários do agronegócio que precisam verificar os preços dos insumos e dos produtos agrícolas no mercado internacional, entre muitos outros que poderiam ser citados.

Além desses, que se concentram em monitorar o que está acontecendo em outros países, há também os que precisam interagir com pessoas e organizações do exterior de forma mais intensa e regular. Um exemplo são gestores de sistemas de comunicação globalmente ancorados, que possuem equipamentos e bancos de dados espalhados pelo mundo e que têm clientes em diversos países concomitantemente. Há pessoas que lideram equipes de teletrabalhadores sediados em diferentes lugares e precisam adequar-se às distinções culturais na forma como se relacionam com seus liderados, além de adaptar-se a questões operacionais. Hitt, Miller e Colella (2013) acrescentam ainda que há pessoas que acabam ficando 24 horas por dia em estado de prontidão em consequência dos diversos fusos horários com os quais têm de conviver. São desafios que precisam ser considerados pelos que assumem esse tipo de função e, também, ser objeto de atenção das políticas de capacitação gerencial.

Os mesmos autores também realçam que, a despeito de a confiança entre os membros ser um requisito básico para o funcionamento de qualquer equipe, sua relevância cresce naquelas que envolvem profissionais geograficamente dispersos, em decorrência dos contatos pessoais pouco frequentes e da menor possibilidade de supervisão direta e constante. Assim, os gestores precisariam adotar práticas gerenciais distintas da forma de liderança ainda preponderante no Brasil, baseada na desconfiança a respeito do potencial e do comportamento dos liderados, que se expressa, por exemplo, na máxima popular que diz que "o olho do dono é que engorda o boi".

Uma proposta bastante adequada às necessidades desse tipo de supervisão seria o que Toledo (2006:19) chamou de "liderança invisível e não personalizada". Ela ocorre quando o líder manifesta tamanha capacidade de influenciar a equipe sob sua supervisão que, mesmo quando precisa, por algum motivo, ausentar-se, sua liderança se faz sentir da mesma forma como ocorre quando está presente. Não devemos confundir essa proposta com uma gestão que renuncia a suas funções de supervisão, cobrança e orientação, comumente conhecida como *laissez-faire*, como veremos no capítulo 4. Longe de tratar-se de uma liderança fraca, o estilo abordado por Toledo (2006) representa uma vigorosa capacidade de influenciar pessoas, que é exercida mesmo na ausência física do gestor. Exige, porém, alguns condicionantes para que seja bem-sucedida:

- compartilhamento de valores e princípios de trabalho que sejam aceitos por todos e que sirvam de balizadores para o desenvolvimento do trabalho de cada pessoa, mantendo-se, assim, um referencial comum;
- capacidade de difundir para toda a equipe uma visão estratégica, de modo que cada profissional perceba o contexto no qual sua contribuição está inserida, suas inter-relações e as prioridades e limites que devem ser observados;
- estilo de liderança que valoriza a cooperação, a sinergia da equipe e não o trabalho isolado e a competição interna;
- forte compromisso com a manutenção de padrões de qualidade predeterminados, com cada membro da equipe sentindo-se responsável por mantê-los em alto nível;
- simplificação dos processos de trabalho, em especial os relacionados a atividades administrativas, cultivando-se a flexibilidade e a liberdade de adaptação.

Trata-se, como vemos, de uma interessante proposta que pode servir não apenas a quem gerencia equipes globalmente dispersas, mas a qualquer gestor. As bases nas quais está fundamentada e os efeitos esperados de sua adoção encontram-se bastante alinhados com as características e necessidades do ambiente contemporâneo de negócios.

Outro fenômeno que merece destaque no contexto da globalização é a migração de empregos, devido à transferência de empresas, em especial as indústrias mais poluentes e de menor valor agregado, que têm sido deslocadas para países de menor custo trabalhista e legislação mais branda. Como destacam Bresser--Pereira, Oreiro e Marconi (2016), os países mais ricos têm transferido para os menos desenvolvidos as indústrias que contam com mão de obra menos qualificada, mantendo em suas fronteiras apenas as que exigem profissionais com maior competência e que operam com tecnologias diferenciadas. Em consequência, tem-se o aumento do desemprego dos profissionais menos qualificados, aliado à ampliação das oportunidades de trabalho, no país ou no exterior, para os que alcançam maior qualificação.

Mas a migração dos empregos não tem ocorrido apenas nos casos em que a empresa é transferida para outro país. Por meio do teletrabalho, podem ser contratados profissionais em outros lugares do mundo. Sejam cargos que exigem competências diferenciadas, que podem ser encontrados em centros de excelência ou, ao contrário, profissionais para tarefas simples, como atendimento telefônico, por exemplo, que podem ser recrutados em países onde o salário é menor e as leis trabalhistas menos rígidas. De todo modo, o teletrabalho é uma modalidade que vem crescendo a cada ano, como mencionamos no capítulo 1.

O exemplo a seguir nos permite verificar como se deu a adoção do teletrabalho em uma empresa multinacional localizada no Brasil, pela ótica dos empregados.

> A empresa XYZ, multinacional do ramo de prospecção e distribuição de combustíveis, passou a adotar, em 2000, o teletrabalho para parte de seus empregados no Brasil, medida prevista em seu programa global. A prática foi motivada pela possibilidade de redução de custos da empresa e de aumento da produtividade dos empregados alocados no sistema *home-office*. Foram realizadas palestras para esclarecimento das condições de implementação do teletrabalho, das áreas prioritárias e de dúvidas que, porventura, surgissem. Inicialmente, os participantes selecionados foram aqueles que, de alguma forma, já atuavam em ambiente externo, em visita a clientes ou em viagens corporativas. Posteriormente, foram contratados profissionais que ingressaram diretamente no sistema *home-office*. Do ponto de vista dos empregados, o teletrabalho trouxe vantagens relacionadas, sobretudo, à qualidade de vida e à produtividade. Contudo sentiram dificuldades de comunicação e integração, bem como uma redução da visibilidade dentro da empresa, o que relacionaram a preocupações ligadas à carreira. Os participantes declararam, ainda, que a modalidade, de fato, reduziu custos para a empresa, apesar dos auxílios financeiros que receberam para atuar em *home-office*. Questionados sobre uma possível volta ao sistema tradicional, no ambiente físico da empresa, a resposta foi negativa. Muitos não conseguem nem imaginar mais essa possibilidade. Podemos inferir, portanto, que a migração para a modalidade de teletrabalho foi bem conduzida.

Fonte: adaptado de Barros e Silva (2010).

O exemplo apresentado aborda uma das vertentes do teletrabalho, que é aquela em que um profissional alocado formalmente em uma empresa, em regime CLT, atua de forma integral ou parcial no regime *home-office*. Outras variações, contudo, podem ocorrer, sobretudo após as mudanças trabalhistas decorrentes da reforma de 2017.

Outra forma de internacionalização do trabalho é a expatriação de profissionais para unidades de outros países das empresas transnacionais. Como destacam Gallon e Antunes (2016), o deslocamento de um profissional para outro país gera profundas alterações em suas rotinas e valores, exigindo a observância de novos comportamentos, bem como a construção de uma nova rede de relacionamentos. E isso ocorre não somente com o indivíduo em si, mas afeta igualmente seus familiares que, em geral, mudam-se também para o país para o qual foi designado. Os autores também realçam que a maioria das empresas manifesta ainda dificuldades para gerenciar o processo de expatriação e não o conduz de maneira adequada.

Uma das causas desse problema seria a crença de que a simples concessão de vantagens financeiras ou a oportunidade de adquirir novas competências seriam suficientes para manter os expatriados satisfeitos, o que, entretanto, não corresponde à realidade em muitos casos. Hitt, Miller e Colella (2013) citam estudos que demonstram que a experiência internacional costuma favorecer promoções mais rápidas e tornar os profissionais mais atraentes para o mercado, devido às competências que desenvolvem com essa experiência. Pode valer a pena, portanto, preparar-se para trabalhar no exterior, suprindo com esforços próprios as eventuais deficiências nas políticas corporativas dessa área.

O outro lado da expatriação é a impatriação, ou seja, a incorporação de estrangeiros nas equipes de trabalho. Essa ação tem se expandido em um contexto no qual a internacionalização do trabalho aparece como uma consequência direta das novas configurações do capitalismo mundial. Athayde (2017) destaca que a mobilização de profissionais em diferentes mercados representa uma das faces da globalização. Um número crescente de empresas tem buscado formar líderes globais, o que implica processos de expatriação, bem como trazer gestores de outras nações, movimentando, assim, a impatriação.

Como lembram Guimarães, Salles e Lontra (2016), diversas empresas brasileiras, diante da necessidade de competir com companhias estrangeiras, fizeram movimentos no sentido de adquirir competências relacionadas à gestão internacional. Os autores também destacam que os principais objetivos que costumam ser perseguidos nesse processo são o suprimento de vagas para as quais não se encontram profissionais adequadamente qualificados no próprio país em que a organização se encontra e a busca de um maior controle, pela matriz, do desempenho de suas filiais. Esse segundo motivo se apresenta quando uma empresa de origem estrangeira traz para sua filial no exterior um profissional de seu próprio país, desejando, assim, preservar determinados aspectos culturais e manter uma maior unidade de ação.

Você, caro leitor, trabalha com expatriados e impatriados ou já teve oportunidade de conversar com profissionais nessa condição? É uma experiência que recomendamos, pela riqueza da descoberta para ambos. Enquanto isso, veja o exemplo a seguir, que nos provoca uma interessante reflexão sobre a experiência de expatriados japoneses no Brasil.

O Brasil é conhecido por ter a maior colônia japonesa e de seus descendentes do mundo, o que acaba despertando certa curiosidade intelectual acerca dos processos de designação internacional de profissionais japoneses. Estudo realizado por Kubo e Braga (2013), a partir de contatos feitos com a Câmara do Comércio e Indústria Japonesa do Brasil, resultou em ricos relatos de 37 executivos japoneses, de 21 empresas de diversos setores, entre os quais o automotivo, o eletroeletrônico, o têxtil, o alimentício e a construção civil. O objetivo era verificar como se configura o ajustamento de expatriados japoneses no Brasil, tema que encontra suporte teórico no modelo de Black, Mendenhall e Oddou (1991). Dos 37 executivos, 20 tinham de um a três anos de permanência no Brasil. Além disso, metade dos executivos tinha experiência anterior como expatriado. Os relatos revelaram que a seleção dos executivos para a designação internacional é pautada em competências técnicas. Uma vez designado, o executivo japonês normalmente não questiona as condições do processo de expatriação, por conta do comprometimento que tem com a matriz. Outro ponto que chama a atenção diz respeito ao fato de que esses executivos não percebem nenhum incremento em termos de desenvolvimento de carreira quando se fala em trabalho internacional, o que, para muitos profissionais brasileiros, por exemplo, seria o ponto atrativo do processo. Eles relataram, também, que os japoneses, em geral, recebem pouco treinamento intercultural e que a preocupação é se legitimar no trabalho e cumprir o que foi estabelecido pela matriz. Assim, acabam trabalhando mais que os brasileiros, chamados por eles de *locais*. As dificuldades que aparecem são decorrentes da barreira da língua, pois muitos não falam português e falam mal inglês, e encontram *locais* que não falam japonês e também falam mal inglês. Além da língua, questões ligadas a planejamento, organização e lógica de procedimentos também geram dificuldades. Como resultado, relatam o estresse no trabalho, mas a postura é sempre de suportar para não desapontar a matriz, que garante emprego vitalício quando retornam ao Japão, depois de concluída a missão. Os japoneses, em geral, não se sentem discriminados no Brasil,

▼

muito por conta do ambiente nipônico, mas preferem a distância na interação com os *locais*, além de afirmarem que adotam uma postura de separação entre trabalho e vida particular. Questionados sobre um possível retorno ao Japão antes do prazo estipulado pela matriz, revelam que o sucesso do processo só se dá com a permanência do profissional até o final da missão. Um retorno antecipado seria motivo de vergonha, desligamento da empresa e dificuldade de conseguir uma recolocação, uma vez que a desistência é malvista no mercado de trabalho japonês. O estudo revelou outros dados peculiares e que sugerem, também, atenção e, talvez, adaptação de modelos teóricos, dependendo da nacionalidade a ser pesquisada.

Fonte: adaptado de Kubo e Braga (2013).

O exemplo apresentado, além de trazer à tona questões importantes no que tange aos processos de expatriação, destaca a influência da cultura nacional na cultura das organizações, como mencionamos no primeiro capítulo.

Representa, ainda, uma manifestação da globalização do trabalho, a convivência com estrangeiros que vieram expatriados pela própria empresa ou que migraram por conta própria, os quais podem ser colegas, liderados ou superiores hierárquicos. Nesse caso, é preciso, como destacam Hitt, Miller e Colella (2013), preparar-se para enfrentar as diferenças culturais envolvidas e manter um relacionamento profícuo, aproveitando a diversidade de experiências e percepções como propiciadoras de competências distintas e complementares. Esse é um desafio que os profissionais de forma geral, e principalmente os gestores, precisam enfrentar.

Além da impatriação de estrangeiros, faz-se também necessária a adoção de estratégias adequadas à repatriação dos que foram expatriados. Câmara (2008) destaca que a absorção, pela organização, das competências que foram adquiridas no período em que o profissional esteve no exterior representa um desafio nem sempre enfrentado de forma adequada. Nessa mesma direção, Walter e Frega (2015) alertam que o número de repatriados que deixam a organização após o retorno de sua experiência internacional é bastante elevado. Esse problema pode ser visto como um verdadeiro fracasso na política de internacionalização das empresas, tendo em vista que um dos principais objetivos da expatriação costuma ser a aquisição de competências que depois possam ser úteis à organização. Os autores realizaram uma pesquisa que demonstrou que a experiência de voltar para o país de origem pode ser bastante traumática, especialmente quando a permanência no exterior é longa. O profissional costuma adaptar-se aos padrões de vida, costumes e condições de trabalho encontrados fora, preferindo-os, muitas vezes, àqueles que encontra na sua própria nação. Esse problema representa o que Guimarães, Salles e Lontra (2016) denominam "choque cultural reverso".

Além disso, é comum que, no tempo em que o profissional permaneceu no exterior, a empresa mude de forma significativa, fazendo com que ele se sinta deslocado e até mesmo perdido no novo contexto que encontra, como apontam Walter e Frega (2015). Esses mesmos autores destacam como uma possível causa da inadaptação as expectativas que foram criadas em decorrência da experiência internacional adquirida. É comum que esse profissional perceba-se como detentor de um conhecimento altamente diferenciado que deveria conduzi-lo a um *status* mais elevado do que o que sente estar recebendo.

Guimarães, Salles e Lontra (2016) defendem que o sucesso nos processos de expatriação e impatriação depende diretamente da existência de um sistema de gestão de pessoas que promova de forma articulada e bem planejada tais ações. Inicialmente, é preciso que a organização defina claramente sua estratégia de internacionalização, pois é nela que devem estar ancoradas todas as demais ações. Em seguida, devem ser determinados os objetivos da expatriação/impatriação em si, de modo a definir o que, exatamente, se pretende alcançar. Tais objetivos precisarão posteriormente estar claros também para os profissionais envolvidos, de modo a haver um alinhamento de expectativas. A seleção de quem vai passar por esse processo representa outro fator crítico de sucesso. Respeitar outras culturas, mostrar-se aberto a novas experiências, ser criativo e paciente são algumas das principais qualidades que devem ser buscadas, de acordo com Câmara (2008).

Nessa etapa de seleção, é necessário, segundo Guimarães, Salles e Lontra (2016), que sejam bem definidas as expectativas dos candidatos à expatriação/impatriação em relação às missões que serão assumidas, condições de trabalho, remuneração, facilidades para a adaptação da família, se for o caso, e a duração prevista. No caso da expatriação, é fundamental também o planejamento prévio de como será o processo de repatriação, de modo a evitar os problemas já destacados no retorno ao país de origem.

As ações de impatriação, expatriação e repatriação precisam, portanto, ser bem planejadas e corretamente executadas para que possam contribuir para o desenvolvimento das organizações que as promovem. Os cuidados aqui destacados precisam, portanto, ser levados em consideração pelas empresas, bem como pelas pessoas envolvidas.

***

Neste capítulo, vimos, em resumo, como a sociedade, os valores nela predominantes, os modelos de gestão organizacional e as práticas de gestão de pessoas evoluíram e alcançaram atualmente uma configuração bem distinta daquela que prevalecia até algumas décadas atrás. Tais mudanças trouxeram muitos ganhos e, concomitantemente, uma série de problemas, tanto para as organizações como para os indivíduos. Não podemos ser ingênuos acreditando que estamos vivendo um tempo glorioso em que as empresas estão se tornando mais humanas e produtivas com os novos métodos de gestão e arranjos adotados. Também não podemos, contudo, deixar de buscar a constante revisão das práticas que se tornaram consagradas, sejam as mais antigas, sejam as trazidas pelos modismos que têm surgido com grande frequência. A gestão de pessoas, os gestores e os profissionais em geral têm, então, grandes desafios a enfrentar.

Trataremos, no próximo capítulo, dos interesses organizacionais e individuais, dos conflitos a eles inerentes, da questão da diversidade, bem como do alinhamento necessário para que os propósitos, tanto das organizações quanto dos indivíduos, se realizem na sociedade do conhecimento.

3

Diversidade, conflitos e alinhamento de interesses nas organizações

Uma das características dos tempos atuais é a crescente diversidade que se manifesta na sociedade como um todo e também nas organizações de trabalho. Isso leva à coexistência de interesses e posturas muitas vezes contraditórios. Como veremos neste capítulo, essa manifestação de conflitos tem sido historicamente considerada por muitos gestores como uma anomalia a ser combatida, mas pode ser, por outro lado, percebida por seus aspectos positivos.

Como lembram Burbridge e Burbridge (2012), conflitos são naturais e, muitas vezes, necessários. Representam oportunidades de mudança sendo, em algumas ocasiões, a única forma de fazer com que venham à tona problemas que, de outra maneira, ficariam submersos, passariam despercebidos ou seriam indevidamente acomodados. O que precisamos buscar, portanto, não é sua supressão e sim seu adequado enfrentamento, visando fazer com que deles sejam geradas soluções melhores para os problemas existentes.

Burbridge e Burbridge (2012) também ressalvam que há conflitos desnecessários, que destroem valores e trazem prejuízos para as pessoas e as organizações. Isso pode ocorrer tanto pelo motivo causador em si quanto pela forma como ele são gerenciados. No primeiro caso, temos, por exemplo, as disputas geradas por preconceitos e discriminações, problemas ainda recorrentes em nossas organizações. Esse, aliás, é o tema de uma das seções deste capítulo, que aborda a diversidade destacando suas vantagens e denunciando a forma preconceituosa como é muitas vezes tratada.

São também comuns, atualmente, os conflitos de gerações. Não raro, vemos profissionais de diferentes gerações enfrentando problemas na convivência mútua e manifestando dificuldades para compreender a forma pela qual o outro percebe o mundo. Trata-se de outro tema de grande importância, que tem preocupado estudiosos da gestão organizacional pelos impactos nocivos que podem ser gerados, dependendo da forma como tais conflitos sejam tratados. Esse tema será também abordado aqui, neste capítulo.

Temos consciência, caro leitor, de que lidar com esses assuntos é algo desafiador. Pretendemos, assim, a partir das reflexões aqui desenvolvidas, colaborar de alguma forma para uma melhor compreensão de problemas que precisam ser enfrentados.

Conciliação de interesses: sua importância e seus limites

As definições clássicas do que é uma organização contemplam, em geral, a busca de integração e conciliação de interesses. Souza e Ferreira (2006:9) afirmam que "as organizações são entidades criadas para atender às necessidades da sociedade, constituindo-se em sistemas voltados para o alcance de determinados objetivos". A existência de objetivos partilhados entre todos os membros está, portanto, diretamente relacionada a esse conceito e o enfraquecimento dessa condição representaria, então, uma ameaça à própria sobrevivência organizacional.

Rondeau (1996:206-207) apresenta uma interessante definição de conflito:

> dir-se-á que existe um conflito em uma organização quando uma parte (um indivíduo ou um grupo) perceber o outro como um obstáculo à satisfação de suas preocupações, o que provocará nele um sentimento de frustração, que poderá levá-lo, posteriormente, a reagir em face de outra parte.

Essa afirmação nos traz a ideia de que quanto maiores forem os obstáculos que um indivíduo encontra na organização na qual trabalha para suprir suas necessidades, maior será a tendência à manifestação de conflitos. Por outro lado, à medida que os gestores busquem conhecer os objetivos individuais de seus liderados, esforçando-se para criar condições propícias a seu atendimento, haverá uma menor possibilidade de ocorrência de conflitos mais sérios.

Partindo desse pressuposto, estudiosos da administração têm buscado formas de aproximação dos interesses pessoais dos indivíduos com os objetivos corporativos. Na concepção de Taylor, um dos pioneiros do estudo científico da administração, a ocorrências de conflitos de interesses em uma empresa indicaria uma deficiência de gestão. Em sua visão, que podemos classificar de ingênua e simplista, a elevação da produtividade, proporcionada pela adoção de métodos racionais de gerência, eliminaria as divergências de interesse, à medida que traria maior lucro para as empresas, produtos melhores e mais baratos para os clientes e melhor remuneração com menor esforço físico para os operários (Taylor, 1990). Ou seja: quase um conto de fadas corporativo onde "todos viveram felizes para sempre".

Conforme destacamos no capítulo anterior, o pensamento de Taylor precisa ser entendido como fruto da época em que viveu, um mundo maravilhado pelos avanços tecnológicos, no qual a racionalidade científica parecia ser capaz de dar respostas objetivas para todos os problemas da humanidade. Também sua história de vida, marcada pela rígida formação *quaker*, explica o simplismo de sua abordagem, à luz de nossa percepção crítica atual. A própria trajetória profissional por ele cumprida ajuda-nos a compreender sua busca por harmonia e convergência de interesses.

Ferreira et al. (2009) destacam que Taylor começou como operário e observou que vários de seus colegas celebravam uma espécie de pacto para limitar a produtividade, combinando um teto que deveria ser observado por todos para que os supervisores não exigissem dos menos produtivos um desempenho similar ao dos colegas com melhor desempenho. Essa situação representou para ele um verdadeiro choque, pois era idealista e não conseguia compreender como alguém podia assumir esse tipo de postura. Em resposta a esse problema, propôs a racionalização dos sistemas produtivos que, como já destacado, poderia, na sua percepção, tornar totalmente convergentes os interesses de patrões e empregados. Ele chegou a afirmar que a implantação de suas ideias tornaria dispensável a existência dos sindicatos.

Trata-se, claramente, de uma visão ingênua e simplista. Vale dizer, entretanto, que a proposta de aprimorar os métodos de produção e distribuir parte dos resultados aos indivíduos na forma de remuneração variável revelou-se, de fato, uma interessante alternativa. Diversas organizações que adotaram seus métodos conseguiram alcançar ganhos significativos de produtividade e, na visão de vários analistas, o nível de progresso econômico e social atualmente alcançado só foi possível graças ao taylorismo (Ferreira et al., 2009).

Ocorre, porém, que a ideia de que basta melhorar as condições de trabalho e aumentar a remuneração para atender plenamente aos interesses dos indivíduos não corresponde à realidade, pois os seres humanos possuem um amplo e complexo conjunto de necessidades e aspirações. Tanto assim que Taylor foi processado pelo Congresso norte-americano, sendo acusado de adotar métodos de produção nocivos aos trabalhadores (Souza e Ferreira, 2006).

Taylor publicou suas ideias no início do século passado, mas as bases de interpretação das relações de trabalho que ele propôs permanecem sendo adotadas por muitos gestores ainda hoje. Por exemplo, quando um gerente, diante de queixas de um liderado, afirma que ele deveria dar graças a Deus por estar empregado, pois tem muita gente procurando vaga, está adotando essa visão reducionista de que o trabalho é apenas um meio de subsistência. Pagar salário em dia e ofertar condições adequadas de trabalho são medidas necessárias, mas estão longe de representar todas as necessidades dos funcionários.

Algumas décadas depois, em meados do século XX, surgiu uma nova linha do pensamento administrativo, incorporando ideias humanistas e dando ênfase ao estudo do comportamento humano nas organizações. A chamada abordagem comportamentalista trouxe consigo uma visão bem distinta da que até então prevalecia. Passou-se, então, a perceber que as pessoas são complexas e que desejam bem mais do que garantir seu sustento ou reduzir seu esforço físico. Foram, então, desenvolvidas diversas propostas relacionadas a métodos e técnicas de liderança, voltadas para tornar o ambiente psicológico das organizações mais adequado. Comunicação interpessoal, fortalecimento do trabalho em equipe, gestão participativa e teorias motivacionais se incorporaram às preocupações dos gestores, em busca de parceria e união de interesses com os profissionais de forma geral (Souza e Ferreira, 2006).

É certo que essa nova abordagem representou uma evolução em relação à visão restrita aos aspectos físicos e econômicos que prevalecia até então. Não se pode, entretanto, ser ingênuo, julgando que a adoção das propostas decorrentes seja capaz de eliminar problemas. No sistema capitalista, há um natural conflito de interesses entre o capital e o trabalho, pois a busca de maximização do lucro, inerente às empresas privadas, impede a expansão das despesas com pessoal ao nível em geral desejado pelos indivíduos, e as exigências de elevação da produtividade costumam trazer desconforto para muitos profissionais.

Vale destacar que os conflitos não devem ser vistos como fatos isolados. Eles ocorrem dentro de um contexto de episódios anteriores, e a maneira como são percebidos é bastante influenciada pela herança por eles deixada. O novo episódio, por sua vez, deixa também uma herança acumulada, que afetará diretamente novos conflitos que venham a surgir, como demonstrado na figura 2.

Figura 2
Análise dinâmica dos conflitos

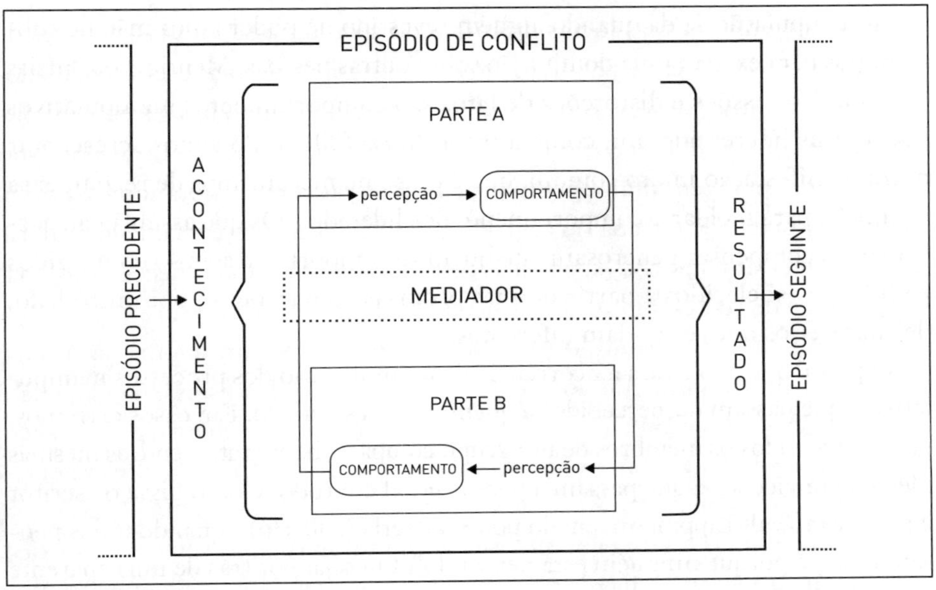

Fonte: Rondeau (1996:219).

Podemos concluir, então, que quanto melhor for o gerenciamento de um conflito, mais fácil será enfrentar os próximos que ocorrerem e, ao contrário, se ele for mal gerenciado, ficarão cada vez mais graves as ocorrências, deteriorando de vez a relação. No caso específico dos conflitos entre as organizações e seus funcionários, os mediadores são os gestores. Grande é, portanto, a responsabilidade que pesa sobre aqueles que ocupam cargos de liderança, cuja forma de agir diante de um conflito tem impactos bem mais amplos e profundos do que os resultados imediatos de sua ação.

Ainda sobre a busca de convergência entre os objetivos corporativos e os interesses individuais, vale destacar que é necessário que se tome muito cuidado com os arranjos organizacionais e os estilos de liderança que, supostamente, revelam excesso de harmonia entre liderados e líderes e entre indivíduos e organizações. Por trás de discursos de integração, costumam se esconder formas autoritárias de gestão que constrangem as pessoas de menor poder a submeter-se passivamente à autoridade de seus superiores hierárquicos. A homogeneização das percepções e comportamentos, longe de ser natural, pode derivar de manipulações, imposições ou alienação, três fenômenos claramente nocivos à dignidade humana e que acabam também por prejudicar a produtividade das organizações.

A manipulação se dá quando alguém revestido de poder lança mão de subterfúgios para exercer uma dominação sobre outras pessoas. Mentiras ou "meias verdades", omissões e distorções de fatos são comportamentos manipulativos que alguns líderes adotam, como afirma Biazzi (2017). Podemos acrescentar outra manifestação muito comum, que é o uso de mecanismos de recompensa e punição para moldar o comportamento dos liderados. Os que assim agem costumam recompensar generosamente quem se comporta de acordo com rígidos padrões, estabelecidos a partir de suas próprias convicções e, por outro lado, desmerecer os que se revelam diferentes.

O pior é que não é rara a ocorrência da naturalização dos processos manipulativos, que passam despercebidos a quem é a eles sujeitado. Em casos extremos, parece que todos os membros de um grupo compartilham exatamente as mesmas ideias e convicções e que passam a pensar igual em tudo. Como disse o escritor e jornalista Walt Lippmann, citado por Sganzerla (2007:36), "quando todos pensam igual, é porque ninguém está pensando". Ou seja, por trás de uma aparente unidade absoluta de pensamento o que há, de fato, é uma ausência de reflexão. Tendo em vista as características e necessidades da sociedade do conhecimento que apontamos no capítulo anterior, situações como essa, de passividade e perda da capacidade crítica se revelam especialmente negativas não só para as pessoas nelas envolvidas como também para as organizações nas quais se manifestam.

Feita essa ressalva, é possível apontar algumas medidas práticas que podem auxiliar a reduzir (não eliminar, pois isso é impossível) os conflitos de interesses entre as organizações e seus funcionários. Esse é o foco da próxima seção.

Possíveis medidas para aumentar a convergência de interesses

Sem pretender apresentar "receitas de sucesso", as quais, definitivamente, não existem, podemos sugerir a você, caro leitor, um conjunto de medidas que, acreditamos, podem contribuir de forma significativa para a melhoria do relacionamento entre as organizações e seus funcionários, favorecendo a aproximação dos interesses individuais e corporativos.

O quadro 5 resume o conjunto de propostas, que serão em seguida melhor detalhadas.

Quadro 5

Propostas para redução dos conflitos entre organizações e funcionários

Proposta	Conceito básico	Efeitos esperados
Investir na comunicação	Adotar um sistema de comunicação transparente e em mão dupla, mantendo os funcionários bem informados e ouvindo suas reivindicações.	Fortalecimento do senso de pertencimento, por parte dos funcionários; aumento do conhecimento dos objetivos corporativos e dos interesses individuais.
Adotar a gestão participativa	Oferecer aos funcionários oportunidades para manifestar opiniões e sugestões relacionadas às tarefas que executam e à gestão da organização.	Sentimento de importância e consideração com os funcionários, sentindo-se corresponsáveis pelo sucesso da organização.
Descentralizar os processos decisórios	Delegar as decisões mais operacionais às pessoas com elas mais diretamente envolvidas.	Elevação do comprometimento de todos com as decisões tomadas, favorecendo também a agilidade e a qualidade dos processos de decisão.
Adotar sistemas de distribuição de resultados	Partilhar com os funcionários os resultados (financeiros ou não) gerados por seus esforços.	Disseminação do sentimento de justiça e da percepção de pertencimento à organização.
Preservar a equidade	Manter critérios justos e transparentes de premiação e reconhecimento dos funcionários.	Prevenção de que pessoas não contempladas ou que ganharam menos do que os outros fiquem revoltadas.
Valorizar o poder dos indivíduos	Oferecer a todos os membros das equipes oportunidades de colocar em prática suas competências e manifestar opiniões.	Favorecimento da motivação e elevação da competência grupal.
Promover o aprendizado contínuo	Criar oportunidades de crescimento, por meio de atividades diversificadas de desenvolvimento pessoal e profissional.	Alinhamento dos indivíduos com as melhores práticas profissionais e contribuição para sua motivação.
Investir na qualidade de vida no trabalho	Evitar pressões excessivas por produtividade, que induzem ao estresse extremo, e incentivar bons hábitos de vida.	Manutenção da saúde dos funcionários e preservação de sua capacidade de contribuição.
Fortalecer a autoestima	Oferecer a todos um tratamento respeitoso e encorajador.	Favorecimento do equilíbrio emocional dos funcionários e contribuição para seu sentimento de satisfação com a organização.
Respeitar a diversidade	Combater preconceitos e discriminações, incentivando a valorização das diferenças.	Prevenção de ocorrências de assédio moral e oferecimento de oportunidades para que todos manifestem seu potencial.

Vamos comentar um pouco cada uma dessas medidas, que julgamos de grande importância para o objetivo de gerenciar de forma mais eficaz os conflitos de interesse.

Comunicação

No que tange à comunicação, é preciso que a organização mantenha um sistema adequado, no qual as informações possam fluir de maneira eficiente e que seja reconhecido como confiável por todos os envolvidos. Tal sistema deve ter a mesma qualidade, tanto no sentido descendente quanto ascendente, além de uma série de outros atributos de qualidade, conforme abordaremos no próximo capítulo. Gostaríamos de ressalvar, entretanto, a contribuição imprescindível que a boa comunicação pode oferecer à redução e ao gerenciamento dos conflitos. Muitas vezes, discórdias e desalinhamento de interesses se manifestam pela não compreensão do que pensa e deseja a outra parte. Mal-entendidos são causas comuns de problemas de relacionamento, podendo induzir a comportamentos descompromissados ou mesmo de retaliação. A transparência e a disponibilidade para ouvir representam posturas que facilitam bastante o acordo e a compreensão mútua.

O que se observa muitas vezes, entretanto, é a inabilidade ou mesmo o desinteresse dos gestores em manter suas equipes informadas a respeito do que está acontecendo na organização. Isso dificulta a aceitação dos objetivos corporativos e a mobilização de esforços para alcançá-los. A falta de ênfase na comunicação ascendente, por sua vez, torna muito mais complicada a compreensão dos interesses e necessidades individuais dos funcionários.

Gestão participativa

Quando são convidados a opinar sobre seu próprio trabalho e sobre a organização como um todo, os funcionários tendem a se sentir valorizados, percebendo que não são apenas "mão de obra", expressão que, embora ainda muito utilizada, revela uma visão fragmentada e reducionista, como se cada profissional devesse contribuir apenas com sua força física. É inerente ao ser humano a necessidade de sentir-se importante e de perceber que pode, de alguma forma, oferecer ao grupo no qual está inserido uma contribuição relevante.

Vale destacar que a gestão participativa não se confunde com a ausência de hierarquia ou com uma pretensa democracia organizacional. Cada organização possui características peculiares, e o grau de envolvimento de seus membros nas decisões varia conforme as possibilidades que se descortinam. Nem sempre uma sugestão oferecida, mesmo que apoiada pela maioria do grupo, pode ser adotada. O que defendemos, portanto, não é que as decisões sejam tomadas de forma colegiada, e sim que existam canais disponíveis para a manifestação dos funcionários, sendo adequadamente recebidas as manifestações por eles formuladas. É fundamental que exista clareza nessa distinção, para que não sejam geradas expectativas indevidas de partilha do poder decisório, as quais, uma vez frustradas, poderão causar desmotivação ou mesmo revolta.

Delegação de autoridade

Também conhecida como *empowerment*, a delegação de autoridade aos funcionários para que tomem decisões relativas ao seu dia a dia profissional representa outra interessante ferramenta para aproximação dos interesses corporativos e individuais. Diferente da gestão participativa que, como vimos, consiste em criar oportunidades para a manifestação de opiniões e sugestões, trata-se aqui de permitir que a decisão seja tomada pelas pessoas mais diretamente envolvidas com as atividades abrangidas. A adoção dessa prática costuma gerar um sentimento de empoderamento e valorização, além de favorecer o comprometimento, à medida que os indivíduos se sentem corresponsáveis pela busca de soluções para os problemas que enfrentam e percebem que deram uma contribuição direta quando o sucesso é alcançado.

A implementação bem-sucedida dessa medida depende da capacitação prévia para que as pessoas a quem será atribuída determinada autoridade possam exercê-la de modo adequado. É preciso, também, investir na disseminação de princípios e valores que deverão ser observados, evitando-se, dessa forma, a perda da coesão da organização no enfrentamento dos desafios corporativos. É necessário, ainda, que sejam desenvolvidos esforços integrados e complementares em duas dimensões: a organizacional e a comportamental. A primeira envolve a revisão das normas e procedimentos internos e o redesenho de processos. A segunda contempla iniciativas voltadas para a mobilização de esforços e o favorecimento da motivação.

Distribuição de resultados

Uma das maneiras mais eficazes de redução de conflitos de interesses é fazer com que todos se beneficiem dos resultados gerados. Uma organização bem gerenciada deve gerar impactos positivos para todos os seus *stakeholders* (partes interessadas). Tradicionalmente, os proprietários ou acionistas de uma empresa preservam seus interesses, buscando o lucro que vai remunerar seus investimentos. Os clientes também são reconhecidos como um público fundamental a ser contemplado, sem o que qualquer organização corre o risco de tornar-se desnecessária e fechar suas portas. Fornecedores, distribuidores e empresas parceiras, da mesma forma, têm sido cada vez mais valorizados e reconhecidos como fundamentais, a partir do conceito de cadeia produtiva, que transcende as fronteiras corporativas. A todos eles têm sido ofertados ganhos concretos à medida que a produtividade se eleva. Mas e quem produz os resultados? Como esse grupo tem sido contemplado?

A valorização dos profissionais que não ocupam cargos executivos tem se restringido, muitas vezes, ao discurso corporativo, mas sem efeitos práticos. Ainda há muitos gestores que acreditam que o salário seja uma retribuição adequada e suficiente pelos esforços empreendidos. Na verdade, este representa apenas o pagamento pelas horas de trabalho dedicadas à organização, mas o que se espera é que sempre que forem obtidos bons resultados esses sejam, em parte, divididos com os que ajudaram a alcançá-los. É certo que existem organizações que não têm condições de investir em programas de remuneração variável ou distribuição de lucros. Vale lembrar, entretanto, que há outras formas de reconhecimento, como o elogio e a menção explícita à contribuição que cada pessoa e cada equipe deram para o sucesso obtido. Se os funcionários compreenderem que não há condições de receberem uma remuneração diferenciada, mas se sentirem recompensados de outras formas, os efeitos podem ser igualmente positivos.

Equidade

Em geral, pior do que não conceder benefícios e premiações é fazê-lo de modo percebido pelos funcionários como injusto. As pessoas podem compreender que a organização não tenha recursos para investir em programas de remuneração variável, em atividades de desenvolvimento ou em qualquer outro aspecto de seu interesse, mas dificilmente aceitarão passivamente uma concessão sem critérios ou com condições percebidas como inadequadas. Henri Fayol, um dos pioneiros dos estudos sistemáticos da administração, já chamava a atenção para a necessidade de se manter a equidade, considerada por ele um dos princípios gerais que deveriam ser observados pelos gestores (Fayol, 1994).

Vale lembrar que esse conceito não é sinônimo de igualdade, e sim de justiça comparativa. Não há problemas em conceder vantagens e benefícios de forma diferenciada, desde que existam critérios justos e transparentes. Também é muito importante que não sejam adotados sistemas de premiação baseados na competição interna, premiando-se apenas os melhores de cada equipe. Quando isso ocorre, os não contemplados costumam sentir-se injustiçados, seja porque se julgam mais merecedores do que alguns contemplados, seja porque, em alguns casos, a despeito de terem alcançado ótimo desempenho e batido as metas, não são contemplados pelo simples fato de que alguém foi ainda mais produtivo.

Valorização do poder dos indivíduos

Existem diferentes fontes de poder. A autoridade, que é o poder oficialmente concedido aos gestores, representa apenas uma de suas modalidades. Outras comumente encontradas nas organizações derivam do conhecimento, da experiência e do carisma pessoal. Os gerentes precisam reconhecer que não somente eles detêm poder e aproveitar isso em benefício da equipe.

Mary Parker Follett, uma pioneira do pensamento humanista da administração, propôs a adoção do "poder-com", representado pela capacidade de realização que provém da união do potencial de cada membro de uma equipe em uma competência coletiva. Esse seria bem mais importante e adequado do que o tradicional "poder-sobre", representado pela ação coercitiva dos líderes sobre os liderados, impondo suas ideias e escolhas (Graham, 1997). Diversos gestores, porém, agem ao contrário: preocupam-se basicamente em impor-se sobre os liderados e ignoram ou mesmo combatem o poder de contribuição que cada um deles possui. O resultado é a desmotivação da equipe e o enfraquecimento de sua capacidade de alcançar bons resultados.

Aprendizado contínuo

O conhecimento não representa, atualmente, apenas o principal ativo das organizações. Também para os profissionais ele é fundamental, representando um fator que pode elevar a empregabilidade e proporcionar sucesso na carreira, remuneração mais elevada e outros benefícios. Assim, quando a organização proporciona às pessoas oportunidades de aprendizado, os efeitos sobre a motivação e o comprometimento costumam ser significativos. Quanto melhores os resultados gerados, maior deve ser o investimento em capacitação e desenvolvimento, de modo que seja estabelecida uma relação de parceria e de interesse convergente.

Vale lembrar, também, que a organização se beneficia diretamente do aprendizado proporcionado a seus funcionários, em função da elevação de sua capacidade laboral, do seu aprimoramento técnico, do aumento de suas competências. Trata-se, portanto, de um dos melhores investimentos que podem ser promovidos em relação ao quadro funcional, com benefícios mútuos e impactos positivos e duradouros.

Qualidade de vida no trabalho

Uma das características marcantes do mundo atual é uma forte sobrecarga de serviço. O ambiente organizacional contemporâneo é marcado por um excesso de pressão e cobrança por resultados, o que tem determinado a deterioração das condições laborais, refletindo-se também na vida pessoal dos indivíduos. Nesse contexto, "qualidade de vida" e "trabalho" parecem mesmo expressões difíceis de conciliar. Para muitos, o trabalho representa uma fonte de constante desgaste, aborrecimento e preocupação. As consequências dessa situação são, em geral, nocivas, tanto para os indivíduos quanto para as organizações. É necessário, portanto, que sejam empreendidos esforços para reversão desse problema.

A qualidade de vida no trabalho envolve aspectos físicos e emocionais. Por isso, é necessário que sejam desenvolvidos esforços para melhoria das condições nessas duas dimensões. Em relação à primeira, podem ser citados investimentos no aprimoramento das condições ergonômicas dos postos de trabalho, além da manutenção de um ambiente limpo, confortável e agradável. Já no que tange às questões emocionais, os gestores precisam se esforçar para que as relações interpessoais dos membros de sua equipe sejam cordiais, além de manter um nível adequado de cobrança, sem as exigências extremadas de produtividade que costumam resultar em um estressamento extremo dos liderados.

Fortalecimento da autoestima

Um dos problemas característicos da atualidade é a baixa autoestima que, em casos mais graves, acaba se transformando em depressão. Dada a centralidade do trabalho na vida das pessoas, podemos afirmar que tudo o que acontece na vida profissional tende a impactar fortemente essa questão, tanto para o bem quanto para o mal. O gerente possui um papel especialmente importante nesse aspecto. A maneira como se relaciona com os liderados e o valor que demonstra reconhecer na contribuição de cada um representam fatores da maior importância para a autoestima de cada membro de sua equipe. Um simples elogio, quando feito de forma sincera, pode fazer grande diferença, e uma atitude que demonstre desprezo, por outro lado, tende a ser bastante nociva para os liderados.

Vale resgatar um conceito interessante de autoestima que, segundo Branden (1997:243), representa "a experiência de ser competente para lidar com os desafios básicos da vida e de ser digno da felicidade". Ou seja, não se trata de um sentimento de superioridade, muito menos de invencibilidade ou arrogância. Ninguém precisa se perceber como perfeito ou melhor do que os outros para manter uma autoestima elevada. Basta saber conviver bem com os desafios que precisam ser enfrentados e sentir-se confortável consigo mesmo, buscando sua própria felicidade. É certo que se trata de uma questão bem pessoal e subjetiva, mas não há dúvida de que recebe grande influência de outras pessoas, em especial dos gerentes.

Respeito à diversidade

Quando alguém é desrespeitado devido à cor de sua pele, ao fato de possuir alguma deficiência, por sua orientação sexual ou por qualquer outro motivo, naturalmente o ambiente se torna desagradável e hostil não somente para quem foi discriminado, mas para a equipe como um todo. Assim, respeitar e, mais do que isso, valorizar a diversidade, representa também uma atitude de grande importância a ser observada pelos gestores na busca de construir um ambiente mais favorável à motivação de seus liderados e ao seu envolvimento com os objetivos corporativos. Trataremos desse aspecto na próxima seção, dedicando a ele um maior espaço por sua relevância.

Diversidade nas organizações

Ninguém duvida de que somos todos diferentes uns dos outros. Cada pessoa possui distintas características de personalidade, história de vida, afiliações ideológicas, preferências. Não existem duas pessoas exatamente iguais. Longe de ser um problema, esse fato deveria ser percebido como uma oportunidade para o fortalecimento das relações interpessoais e dos trabalhos em equipe, à medida que a diversidade pode gerar complementaridade de competências. Hanashiro e Queiroz (2006) lembram que as organizações que possuem funcionários com perfis bem diferenciados têm obtido ganhos significativos em seus processos decisórios, com favorecimento também da criatividade, da inovação e do atendimento a diferentes tipos de clientes.

Nessa mesma direção, Nóbrega, Santos e Jesus (2014) destacam o impulso à criatividade que a diversidade oferece às equipes. Ressalvam os autores que nem sempre se trata de um movimento planejado, pois muitas vezes simplesmente ocorre de ingressarem na empresa pessoas com características bem diversificadas. Já existem, todavia, práticas organizacionais voltadas para a valorização da diversidade. Os autores afirmam ainda que tais práticas são admiráveis, uma vez que representam uma flexibilização dos valores pessoais em prol do acolhimento dos diferentes, deixando de lado o preconceito e favorecendo a aceitação dos direitos coletivos. Defendem, então, as chamadas organizações multiculturais, aquelas que, de fato, valorizam a diversidade manifesta no seu quadro de funcionários, defendendo o pluralismo de ideias e experiências, percebida como fonte de vantagem competitiva. Tais organizações diferem radicalmente das organizações monolíticas, que são as que pretendem homogeneizar ideias e comportamentos, o que acaba induzindo à adoção de práticas homogeneizantes, as quais, por sua vez, geram preconceitos e dificuldade de aceitação das diferenças.

Muitas vezes, porém, não é isso o que ocorre. Você, provavelmente, já presenciou, caro leitor, situações em que ficou nítido o preconceito contra alguém que pensa ou se porta de forma diferente dos demais, em especial por parte daqueles que detêm o poder, não é verdade? É isso que vamos discutir agora.

Robbins, Judge e Sobral (2010) destacam que está crescendo a diversidade da força de trabalho na maior parte das organizações e que, em decorrência, os gestores precisam rever suas posturas. No lugar de tratar todos de forma padronizada, como se fossem iguais, é necessário reconhecer as diferenças e agir de modo adequado, sem incorrer em discriminações.

Mais do que isso, podemos dizer que não basta reconhecer, sendo necessário valorizar as diferenças. Follett, sobre quem já comentamos na seção anterior, afirmou que "a natureza deseja ardentemente os opostos e, a partir deles, completa a harmonia, e não a partir dos semelhantes [...] O medo da diferença é o medo da própria vida" (Follett, 1924 apud Graham, 1997:21). Muitas vezes, porém, o que observamos é uma busca obsessiva por juntar-se a pessoas iguais. Para muitas pessoas, revela-se mais confortável interagir com quem reflete suas próprias características, o que, possivelmente, se explique por um sentimento de maior segurança que esse tipo de convívio proporciona. No dizer poético de Caetano Veloso (1978a) em sua canção *Sampa*, "Narciso acha feio o que não é espelho e a mente apavora o que ainda não é mesmo velho". Pode até ser mais confortável cercarmo-nos sempre de quem nos parece igual, mas será, contudo, uma experiência muito mais limitada e menos rica do que conviver com a diferença e valorizá-la.

Recentemente, os personagens de Robert de Niro e de Anne Hathaway brindaram-nos com uma interessante reflexão sobre as diferenças. Eles foram os protagonistas do filme *Um senhor estagiário* (2015), em que De Niro vive na pele de um viúvo aposentado de 70 anos, que volta ao mercado de trabalho como estagiário em uma empresa de *e-commerce*, convivendo com a geração do século XXI. É uma boa ilustração da quebra de rótulos e de como é possível sempre se reinventar, a despeito do preconceito ao qual se está sujeito.

Vincent (1996) afirma que as atitudes preconceituosas representam uma manifestação de medo, inserida em um mecanismo amplo de rejeição do outro que se apresenta como diferente. É a chamada "heterofobia", que se caracteriza por perceber quem é diferente como alguém desconhecido e que representa, intrinsecamente, uma ameaça. Para combater esse temor que sente, o agressor parte para o ataque, estratégia popularmente percebida como a mais eficaz forma de defesa. Não se trata, porém, de um movimento consciente. Ao contrário, o assediador não se percebe como frágil e acredita que o objeto de sua discriminação seja de fato problemático e inferior. Partindo desse pressuposto, vemos que o preconceito tem raízes psicológicas profundas e que o desafio de combatê-lo é grande.

A adoção de uma postura mais justa em relação à diversidade representa um importante aspecto da busca de sustentabilidade nas organizações. Sustentável deve ser entendido como um arranjo que se revela capaz de manter-se ao longo do tempo. Representa, portanto, um atributo da mais alta relevância para as empresas, que precisam lutar contra a entropia, que significa a tendência, inerente a todo sistema, de enfraquecer-se ao longo do tempo, perdendo força e vigor até exaurir-se totalmente. Esse termo tem sido utilizado como um mero sinônimo de busca de preservação da natureza, de equilíbrio ecológico. Embora esse aspecto represente, indubitavelmente, uma necessidade primordial de nossa sociedade atual, não esgota os desafios que precisam ser enfrentados. Jaime, Ferrari e Bandeira (2017) lembram que o desenvolvimento sustentável precisa ter como base a busca de equilíbrio e razoabilidade em três dimensões complementares: ambiental, social e econômica. Podemos dizer que, em termos sociais, a valorização da diversidade representa um de seus pilares.

Alves e Galeão-Silva (2004) destacam que a negação da existência de preconceitos contra determinados grupos faz parte do estilo da ideologia tecnocrática, na qual a gestão é vista como se fosse uma função neutra, na qual as decisões se dariam a partir de uma racionalidade científica objetiva e, por isso, incontestável.

Na mesma direção, Irigaray, Goldschmidt e Queiroz (2017) criticam a crença de que as empresas são locais que se mantêm neutros em relação a questões pessoais, com base na suposição de que os empregados são capazes de separar, radicalmente, suas características e interesses pessoais dos profissionais. Esse ideal de neutralidade e tecnicismo induz os gestores a adotarem uma perspectiva de homogeneidade, esperando que todos, independentemente de suas características pessoais, mantenham o mesmo tipo de comportamento. Em decorrência, pessoas com algum tipo de distinção acabam sendo percebidas como disfuncionais e problemáticas.

Vamos, então, destacar quatro grupos que costumam sofrer preconceitos e discriminações nas organizações de trabalho: pessoas com deficiência, as mulheres, os homossexuais e os negros. Embora existam outras minorias que podem ser também discriminadas, essas são as que mais comumente sofrem, em nosso país, os impactos de culturas corporativas discriminatórias.

Pessoas com deficiência

No que tange às pessoas com deficiência (PCDs), vigora no Brasil a obrigatoriedade de que empresas com mais de 100 funcionários preencham no mínimo 2% de seu quadro com elas, conforme instituído na Portaria nº 1.199 do Ministério do Trabalho e Emprego (Brasil, 2003). Esse é um exemplo das chamadas "ações afirmativas", que representam medidas instituídas para combater desigualdades e promover oportunidades de inserção social das minorias. É lamentável que seja necessária uma imposição legal para o acolhimento das PCDs, pois, a despeito das deficiências possuídas, elas podem oferecer uma boa contribuição a qualquer organização, como seres humanos que são, revestidos de potencialidades. Têm limitações? Sim, mas quem não as tem? Qualquer pessoa enquadrada nos padrões de "normalidade física" também manifesta fraquezas e precisa ser apoiada para superar as adversidades que enfrenta no exercício de sua profissão, não é mesmo?

O fato, porém, é que muitas organizações só contratam PCDs pela imposição legal. Por vezes, providências tão simples como a disponibilização de instalações acessíveis a cadeirantes, por exemplo, são tratadas como se fossem um grande investimento. Há também empresas que percebem nesse tipo de contratação uma mera oportunidade de burilar sua imagem como socialmente responsável. Ainda assim, contudo, a legislação em questão representa um avanço. O que nos cabe, como estudiosos da gestão ou gestores organizacionais, é procurar compreender melhor o que tem ocorrido nessa área, buscando superar as distorções existentes e preservar os avanços conquistados.

Pesquisa realizada por Irigaray e Vergara (2011) em uma empresa de transporte aéreo que contrata um número expressivo de PCDs revelou que esses funcionários demonstraram estar cientes de que sua identidade social lhes conferia um estigma de incapacidade e fraqueza. Em decorrência, eles se esforçavam em conquistar a simpatia dos colegas, procurando ser sempre muito gentis e especialmente bem-humorados. Também mantinham um nível de comprometimento e dedicação ao trabalho acima da média, como se precisassem, a todo momento, provar seu valor, afirmar-se como úteis e produtivos. Já os colegas demonstravam, muitas vezes, que apenas toleravam sua presença. Tolerar é uma palavra forte, que revela uma atitude bem menos favorável do que gostar, mas foi o que os pesquisadores constataram. E mais: aproveitavam para repassar a eles tarefas desagradáveis, aproveitando-se de sua disponibilidade e boa vontade.

As PCDs, por sua vez, revelaram, nessa mesma pesquisa, sentir-se gratas pela oportunidade de trabalho que lhes era oferecida. Ressalvaram, todavia, que muitas vezes enfrentavam condições de trabalho inadequadas às suas características físicas, o que acabava por gerar dores e incômodos. Também manifestaram que se sentiam desconfortáveis nas relações sociais com os colegas e com os clientes, que não sabiam lidar com o "diferente", revelando, por vezes, preconceitos.

O que precisa ser feito em relação a esse grupo é respeitar suas peculiaridades, oferecendo-lhes um ambiente adaptado às suas necessidades. Essa não é uma tarefa difícil, dependendo muito mais de boa vontade por parte dos gestores do que de recursos elevados. Além disso, é preciso desfocar da deficiência possuída, uma vez que ela não impede o profissional de demonstrar competências diversas. É também fundamental não tratar essas pessoas como menos importantes e, tampouco, como dignas de pena ou muito frágeis.

Mulheres

De acordo com Robbins, Judge e Sobral (2010), uma das mudanças que marcaram o mercado de trabalho brasileiro no final do século passado foi o crescimento no número de mulheres empregadas. Em um espaço de três décadas, as mulheres passaram de 30% para 45% da população economicamente ativa. Tal crescimento, entretanto, não foi devidamente acompanhado de uma revisão nos valores e práticas que têm sido cultivados no ambiente corporativo.

Conforme apontam Molinete, Barcellos e Salles (2017), a cultura prevalente na maior parte das organizações é ainda muito fortemente marcada por uma concepção tradicional de masculinidade, o que acaba por afetar diretamente as mulheres, que se sentem pressionadas a assumir estereótipos que lhes são impostos. Podemos ressalvar que, para os próprios homens, essas características estereotipadas de masculinidade revelam-se muitas vezes opressivas, pois contemplam posturas como frieza, repressão de sentimentos, demonstração constante de força e competitividade, entre outras similares. Para as mulheres, entretanto, tende a ser pior a incorporação forçada desse tipo de comportamento, tendo em vista que ele contrasta fortemente com os valores nos quais foram criadas, em uma sociedade que divide claramente papéis e comportamentos masculinos e femininos.

Os autores também destacam que, em consequência dos estereótipos adotados, as mulheres acabam sendo vistas como menos capazes para desempenhar funções que exijam autoridade, habilidades técnicas, foco em resultados e força. São, por outro lado, percebidas como mais indicadas para atividades que requerem habilidades sociais e capacidade de apoio. São criadas, dessa forma, classificações de profissões e cargos tipicamente masculinos ou femininos. Essa divisão limita especialmente o desenvolvimento das mulheres, uma vez que as ocupações que são consideradas típicas de suas características são menos numerosas e, em geral, menos valorizadas.

Você já reparou, caro leitor, como apesar de observarmos nitidamente o crescimento da participação feminina no mercado de trabalho, a ocupação de cargos executivos não acompanhou esse movimento? Quando se trata de posições de alto escalão, a presença das mulheres ainda é rara, como podemos verificar no exemplo a seguir.

> A ascensão das mulheres a cargos executivos foi tema que motivou uma pesquisa realizada por Vergara e Gomes (2012). O estudo teve como objetivo analisar até que ponto a questão de gênero influencia a escolha de profissionais para cargos executivos em escolas de negócios. Foram realizadas 27 entrevistas com homens e mulheres, sendo 14 gestores e 13 professores de cinco escolas de negócios do Rio de Janeiro. Os resultados revelaram que a questão de gênero exerce influência na seleção de executivos em escolas de negócios, embora de forma mais reduzida do que em organizações empresariais. Em outras palavras, os homens ainda levam vantagem na disputa. De acordo com a pesquisa, o preconceito, seja velado, seja explícito, ainda norteia a seleção e a promoção de profissionais (no caso, as mulheres). Houve casos de entrevistados que declararam que "não tem jeito", que a família era um limitador para a mulher, deixando claro que família e carreira não combinam. Assim, eles se encarregavam de automaticamente alijar as mulheres do processo. Nas escolas pesquisadas, os cargos de mais alto escalão estavam preenchidos por homens. Os resultados indicaram, também, que em alguns segmentos existe um "clubinho masculino", ou seja, o trabalho é reservado a um grupo seleto de homens, que gostam de trabalhar com "iguais". Apesar de tal clubinho estar mais ligado às empresas tradicionais, em escolas de negócios ele também foi citado. Houve menção, ainda, à tentativa de sobrevivência adotada por muitas mulheres que ocupam cargos executivos, inclusive em escolas de negócios. Trata-se do "ser e parecer ser", ou seja, os entrevistados comentaram que há mulheres que tentam adotar uma postura masculina, mais forte, para ganhar respeito dos pares e dos subordinados. De modo geral, traços machistas, típicos da cultura brasileira, foram registrados pelo estudo. De forma complementar, outras situações ligadas a preconceito foram citadas, como a faixa etária (no caso, o fato de ser muito jovem para um cargo executivo). Por outro lado, alguns entrevistados citaram competência e experiência como categorias relevantes para a seleção e promoção de profissionais a cargos executivos, a despeito da questão de gênero. Eles declararam que o alcance de resultados é o mais importante, sendo indiferente o fato de o profissional ser homem ou mulher. De modo geral, o estudo alertou para o preconceito, mas sublinhou que avanços têm sido registrados.

Fonte: adaptado de Vergara e Gomes (2012).

O exemplo apresentado indica que estamos longe da equidade de gênero, mas que o mundo do trabalho já acena com certa valorização da diversidade, por considerar que, no século XXI, a competência precisa prevalecer sobre o preconceito.

Homossexuais

Os homossexuais representam outro grupo que tem sofrido fortes preconceitos no ambiente de trabalho. Além das barreiras que enfrentam para contratação ou promoção a cargos mais elevados, problemas que também ocorrem com as PCDs e as mulheres, eles passam, muitas vezes, por processos de ridicularização e assédio moral.

Irigaray, Goldschmidt e Queiroz (2017) destacam que, historicamente, formou-se na sociedade ocidental um paradigma de que os homossexuais seriam pessoas torpes e pecaminosas. Sua orientação sexual é considerada, por muitas pessoas, reflexo de um suposto desvio de conduta moral, chegando a ser apontada como geradora da ira de Deus contra a humanidade e, em consequência, causadora de pestes e desastres naturais. Trata-se de um estigma gravíssimo, portanto.

Os mesmos autores também afirmam que, nas organizações de trabalho, a homossexualidade é muitas vezes considerada uma característica capaz de refletir negativamente no desempenho profissional. Podemos acrescentar que essa acaba se tornando uma "profecia autorrealizável", que significa o tipo de prognóstico que, no momento em que se transforma em uma crença, acaba por provocar sua própria concretização. O que queremos dizer é que um homossexual que sofra assédio moral, preconceitos e discriminações tende, naturalmente, a ter seu desempenho profissional prejudicado, o que acaba por confirmar a injusta tese de que se trata de um grupo mais problemático no trabalho.

Irigaray, Goldschmidt e Queiroz (2017) detectaram, em pesquisas realizadas com homossexuais masculinos, que muitos acabam se envolvendo em processos de *coping*, os quais representam estratégias utilizadas pelos indivíduos para adaptar-se a circunstâncias adversas ou estressantes que precisem enfrentar. Nesse movimento, acabam por promover mudanças cognitivas e comportamentais forçadas, autoimpostas, as quais, muitas vezes, sobrecarregam e excedem os recursos pessoais.

Negros

Outro tipo de preconceito muito presente nas organizações é o de origem étnica, atingindo, em especial, os negros. Alves e Galeão-Silva (2004) afirmam que persiste no Brasil o mito de que vivemos uma democracia racial, o que se constitui em uma das causas do agravamento de preconceitos e discriminações contra os negros. É possível que a dificuldade em admitir que esse é um grupo discriminado seja um empecilho à adoção de políticas de combate ao racismo.

Fleury (2000) destaca que o Brasil costuma valorizar, no discurso, suas origens africanas. Assim, é comum que seja destacada a influência dos negros na música, na alimentação e no sincretismo religioso. Somos, entretanto, uma sociedade estratificada, na qual as origens econômica e racial exercem grande influência no acesso ao mercado de trabalho, em especial às funções de maior prestígio e remuneração mais elevada.

Rosa (2014) lembra que, até mesmo no discurso, a negação do racismo é recente em nosso país, citando que, até 1870, diversas pesquisas foram realizadas com o intuito de comprovar a suposta inferioridade dos negros, a quem eram atribuídas características como apatia, imprevidência e deficiência moral e intelectual. A principal preocupação por trás dessas iniciativas "científicas" era combater a miscigenação, a qual era vista como uma ameaça, podendo levar à degeneração da população.

É claro que esse tipo de pensamento não tem espaço significativo hoje em dia, podendo ser encontrado unicamente em grupos de extremistas racistas, sem projeção significativa na sociedade. Estamos longe, porém, de romper com as consequências do preconceito racial.

Cerqueira e Moura (2013) destacam que, de acordo com o censo de 2010, na faixa dos 10% mais pobres da população brasileira estão 11,66% dos negros, enquanto entre os não negros apenas 5,41% se situam nesse grupo. Já entre os 10% mais ricos, a relação é de 6,8 dos negros e 17,82 dos não negros. São números contundentes, portanto, que falam por si sós.

Comparações com países nos quais o racismo se dá de forma mais aberta podem levar à falsa impressão de que por aqui ele não existe ou é pouco significativo. No Brasil, prevalece, conforme destaca Rosa (2014), o "preconceito de marca", baseado na cor da pele, que se distingue do "preconceito de origem", baseado na ascendência, encontrado em outros países, em especial nos Estados Unidos. Enquanto nesse segundo tipo de preconceito a reação dos discriminados tende a se dar de forma coletiva, com o reforço da solidariedade grupal, no de marca a reação centra-se no próprio indivíduo. Este procura desenvolver mecanismos de compensação, buscando ostentar competências e características destacadas que possam lhe trazer maior aprovação social. Tal movimento assemelha-se, portanto, ao que já comentamos quando abordamos os homossexuais.

Rosa (2014) propõe a existência de três tipos de lugares sociais nos quais os negros são vistos de forma bem diferente na cultura brasileira. Nos chamados espaços negros (blocos afros, terreiros de candomblé, grupos carnavalescos ou de capoeira), a negritude representa uma vantagem, pois a cultura africana está na base dessas atividades. As "áreas moles" seriam espaços onde ela não representa um obstáculo, como nas relações entre vizinhos, as práticas esportivas ou a convivência nos bares. Já nas "áreas duras", os negros são claramente prejudicados e fortemente discriminados. Correspondem essas áreas a locais onde há competição, o que induz ao agravamento dos preconceitos como forma de manutenção do *status quo*. Estão nesse grupo o mercado da paquera, a relação com a polícia e as organizações de trabalho, espaços hegemonicamente brancos.

***

São, enfim, diversas e muito graves as manifestações de preconceitos e discriminações, as quais podem ser entendidas, conforme proposto por Cerqueira e Moura (2013), como diferenciações arbitrárias e injustas. Na base dessas manifestações está, segundo os autores citados, a suposição de que pessoas que compõem determinados grupos sociais, de caráter racial, político, religioso, sexual ou outra diferenciação, são mais tendentes a possuir características indesejáveis. Em decorrência, são bloqueadas.

A gravidade das diversas formas de discriminação indica que não só medidas de gestão, mas também políticas públicas devam ser orientadas para o combate aos preconceitos e o rompimento das barreiras que se levantam contra as minorias. Um exemplo interessante nesse sentido ocorre no Canadá, país onde, de acordo com Rosa (2014), desde 1986 o governo adotou o Federal Employment Equity Act e o Federal Contractors Program. Em consequência, as empresas passaram a ser obrigadas a catalogar e publicar dados a respeito da diversidade de seu quadro de funcionários, além de desenvolver planos com metas para contratação e promoção de membros de minorias. Também foram contempladas iniciativas voltadas para compreender a visão dos funcionários a respeito da diversidade e fomentar o respeito a todas as pessoas.

No Brasil, temos a lei que impõe a contratação de pessoas com deficiência, já mencionada, e a tipificação de crime de racismo e homofobia. São medidas bem-vindas, sem dúvida, mas insuficientes para promover a necessária igualdade de oportunidades e combater de forma eficaz os preconceitos e discriminações. Vale, porém, lembrar, caro leitor, que não precisamos que o governo imponha o que deve ser feito. Gestores conscientes podem adotar, por iniciativa própria, políticas corporativas direcionadas para a valorização da diversidade e o respeito à diferença. Esse é mais um desafio dessa nossa sociedade do conhecimento.

Vamos tratar, a seguir, de outra manifestação de diferença que precisa ser trabalhada no âmbito das organizações: a de gerações.

Diferenças entre gerações e seus impactos no trabalho

Geração é uma expressão polissêmica, ou seja, que contempla diferentes significados. Aqui, vamos entendê-la, nos termos propostos por Ferrigno (2013), como um grupo de pessoas que nasceram em uma mesma época e que vivenciaram os mesmos grandes acontecimentos. Cappi e Araújo (2015) afirmam que o fato de, mais do que uma simples divisão etária, uma geração abarcar as influências de natureza política, cultural e social vivenciadas pelas pessoas que partilharam de determinados momentos históricos leva à construção de uma memória coletiva, que, por sua vez, induz à adoção de hábitos e culturas similares.

A tendência é que os membros de uma mesma geração partilhem um acervo comum de vivências, dificuldades e oportunidades, o que induz a determinados comportamentos em comum. É preciso ressalvar, entretanto, como destaca Ferrigno (2013), que se trata de uma vivência compartilhada de forma desordenada e difusa. Precisamos ter isso em mente, então, para não cairmos em generalizações simplistas, como se todas as pessoas de uma mesma geração fossem similares, pois de fato não são.

Vale ressalvar que não é unânime a crença de que as diferenças de comportamento observadas devem-se à geração a que pertence cada indivíduo. Cappi e Araújo (2015) alertam que há estudiosos segundo os quais as distintas reações diante das questões do dia a dia social e profissional podem ter mais a ver com a fase de vida na qual cada indivíduo se encontra do que com a geração a que pertence. De todo modo, tem havido, no ambiente organizacional, uma inédita convivência de várias gerações, o que tende a aumentar a possibilidade de ocorrência de conflitos.

Feitas essas ressalvas, é importante destacar que, cada vez mais, torna-se fundamental que se aborde de maneira adequada o conflito entre gerações. Robbins, Judge e Sobral (2010) destacam que está ocorrendo uma significativa mudança na faixa etária das pessoas empregadas no Brasil. Citam que, em 2000, os funcionários com mais de 65 anos correspondiam a 5% do total em atividade e que até 2050 esse número deverá chegar a 18%, mais do que triplicando, portanto.

A determinação de quem compõe cada geração não é unânime entre os autores. Vamos aqui trabalhar com a taxonomia defendida por Veloso, Dutra e Nakata (2016), assim denominada: tradicionalistas (nascidos antes de 1946), *baby boomers* (de 1946 a 1964), geração X (de 1965 a 1977), geração Y (1978 a 1989) e ainda a geração Z (1990 em diante), sendo essa última ainda pouco estudada no que diz respeito aos aspectos relacionados à vida profissional. Vejamos:

1. *Tradicionalistas* – Os tradicionalistas têm como principais características o conservadorismo, a disciplina, o apego à hierarquia e a valorização da autoridade e do comando. Da mesma forma como respeitam os outros, em especial seus superiores hierárquicos, desejam ser respeitados. Uma de suas fontes de motivação diz respeito ao fato de serem considerados importantes na empresa em que trabalham, o que ocorre, por exemplo, quando são incluídos em decisões que precisam ser tomadas. Em geral, são pessoas que trabalham duro e são capazes de se sacrificar em prol da obtenção de bons resultados nas tarefas que desempenham. Colocam o cumprimento do dever antes da busca do prazer pessoal. São conformados, respeitosos à autoridade, aderentes às regras e pacientes (Cappi e Araújo, 2015).

   Pela época em que nasceram (até 1945), não são mais numerosos nas empresas atualmente, estando a maioria já aposentada. Os que permanecem trabalhando costumam estar em cargos mais elevados ou com qualificação técnica diferenciada, fatores que facilitam a longevidade profissional. São, por um lado, reverenciados pelos mais jovens, que os percebem como detentores de maior experiência. Mas, ao mesmo tempo, podem ser percebidos como antiquados e incapazes de lidar com os problemas e os recursos dos tempos atuais. Seus filhos constituem a geração dos *baby boomers*, comentada a seguir.

2. Baby boomers – O nome dessa geração alude ao crescimento populacional observado ao fim da II Guerra Mundial, época em que se difundiu no mundo a esperança de que tempos melhores viriam, com mais paz e justiça, estimulando muitos casais a constituírem uma família numerosa, gerando, assim, um *boom* de bebês.

   Veloso, Dutra e Nakata (2016) destacam que os *baby boomers* tendem a ser otimistas e *workaholics* (viciados em trabalho). Costumam se esforçar para fazer carreira e demonstram lealdade à empresa na qual trabalham. Nessa mesma direção, Comazzetto et al. (2016) afirmam que possuem um aguçado senso de procura de oportunidades. Também asseveram que, a despeito de terem sido, muitas vezes, jovens rebeldes, tendem a ser adultos conservadores, embora não tão rígidos quanto os tradicionalistas.

   Também caracteriza essa geração uma predisposição maior ao rompimento com os padrões estabelecidos, quando comparados aos tradicionalistas. No ambiente de trabalho, revelam-se extremamente dedicados, assumindo facilmente extensas jornadas e revelando grande comprometimento com a organização, seus valores e resultados pretendidos. Esperam em troca segurança e estabilidade.

   Assim como os tradicionalistas, os *baby boomers* não possuem grandes conhecimentos relativos às modernas tecnologias. Diferenciam-se da geração anterior, no entanto, por maior facilidade em aceitá-las e maior abertura às mudanças.

3. *Geração X* – No período em que essa geração chegou à vida adulta, ingressando no mercado de trabalho, foram popularizadas diversas novas tecnologias de comunicação. Naquele momento, parecia a muitos analistas que a humanidade iria caminhar para um novo patamar de desenvolvimento, trazendo maior qualidade de vida para todos. Tiveram, todavia, de enfrentar graves problemas, como o surgimento da AIDS e uma crise econômica global, com reflexos sobre o sistema de bem-estar social. No Brasil, tivemos ainda, nessa época (década de 1980), uma forte recessão, acompanhada de uma escalada inflacionária. Em consequência, ocorreram grandes transformações no mercado de trabalho, com a popularização de medidas como reengenharia e *downsizing*, que trouxeram desemprego e obrigaram os profissionais a buscar

uma qualificação maior e demonstrar grande capacidade de geração de resultados para se manterem ocupados. Com isso, ao contrário de seus pais, que vivenciaram um período de maior otimismo, os membros dessa geração acabaram tornando-se céticos.

Em relação ao trabalho, a geração X se caracteriza, na percepção de Veloso, Dutra e Nakata (2016), pela busca de um ambiente menos formal, com menor ênfase na hierarquia. Também manifesta uma busca constante por maior autonomia no desenvolvimento de suas funções, agindo de forma mais individualista e tendo certa dificuldade para trabalhar em equipe. Diferente da geração anterior, esta busca maior equilíbrio entre o trabalho e a vida pessoal, prezando a qualidade de vida, embora não consiga, em geral, transformar esse desejo em realidade. Também se diferencia pela maior facilidade em conviver com as novas tecnologias e melhor aceitação das mudanças.

4. *Geração Y* – Esse grupo abrange pessoas filhas tanto de *baby boomers* quanto da geração X, o que constitui um fator de diversidade. Conforme destacam Cappi e Araújo (2015), trata-se de uma geração marcada pelas tecnologias digitais, com as quais convivem desde que nasceram. Além disso, foram testemunhas dos problemas enfrentados por seus pais em função das mudanças no mundo do trabalho, com a redução das relações estáveis e formais e a expansão de vínculos mais precários. Perceberam, então, que os sacrifícios e a dedicação cega à empresa não são capazes de garantir uma adequada retribuição, o que os levou a ter uma visão mais crítica das relações entre indivíduos e organizações.

Ao mesmo tempo que buscam seu próprio crescimento, os membros dessa geração revelam dificuldade em processar o enorme volume de informações que têm à sua disposição, não conseguindo, muitas vezes, transformá-las em um conhecimento mais aprofundado da realidade. Esse é um paradoxo, típico de nossa era, que afeta especialmente a geração Y: enquanto a informação cresce, o conhecimento parece diminuir.

Os membros dessa geração costumam ser vistos pelos mais velhos como insubordinados, superficiais, pouco concentrados e impulsivos. A impaciência e o imediatismo são outras características a eles associadas, assim como o desapego em relação às organizações nas quais trabalham, o que os leva a buscar constantemente novos desafios, não tendo nenhuma dificuldade em trocar de emprego. Aprenderam que a carreira precisa hoje ser construída em diferentes experiências profissionais, o que os leva a uma atitude bem distinta em relação às empresas nas quais atuam. Comazzetto et al. (2016) destacam que a imagem que prevalece desse grupo é a de pessoas que escapam aos fatores restritivos e comportam-se como se não pudessem ser domesticadas, tamanha sua rebeldia e desprezo pelas regras.

Por outro lado, os membros da geração Y são vistos como possuidores de características hoje valorizadas pelo mercado de trabalho, como criatividade e capacidade de inovação, bem como de trabalhar em equipe e de articulação. Podem, assim, equilibrar a busca por independência, que tanto prezam, com a valorização da interdependência, característica altamente desejável dos arranjos organizacionais contemporâneos, conforme definido pela abordagem sistêmica, da qual tratamos no capítulo passado. Caracterizam-se, ainda, por uma maior sensibilidade em relação aos problemas sociais, dispondo-se a mobilizar esforços em prol do bem comum e pela aceitação mais tranquila da diversidade, convivendo bem com pessoas diferentes.

Também caracterizam essa geração, como destacam Gonçalves e Rodrigues (2015), a tendência a estar sempre em busca de informações e o gosto pelos desafios. Além disso, seus membros valorizam bastante o recebimento de *feedback*, entendendo essa prática como uma importante fonte de crescimento individual. A multifuncionalidade é outro ponto forte. Os membros desse grupo revelam-se capazes de cuidar de várias tarefas ao mesmo tempo. Como aspectos negativos, os autores destacam a impaciência, fruto de sua ansiedade, e a tendência à manutenção de relacionamentos superficiais, incluindo o que mantêm com as organizações nas quais trabalham.

A geração Y também se notabilizou por ter aprofundado três características marcantes da X: a convivência tranquila com a mudança, a valorização da vida pessoal e a facilidade de utilização das tecnologias de comunicação. Em relação às mudanças, a maior facilidade de aceitação decorre naturalmente da convivência precoce que esse grupo teve com um mundo em constante processo de transformação e na própria percepção de que tudo é transitório e volátil nos tempos atuais: a tal "modernidade líquida" a que nos referimos no início do capítulo. A valorização da qualidade de vida, com a recusa de assumir uma carga excessiva de trabalho, é um desdobramento do equilíbrio entre as ocupações profissionais e a vida pessoal que viram seus pais buscarem. A facilidade no manuseio das tecnologias de comunicação deriva, naturalmente, do fato de terem crescido em meio a computadores e celulares conectados à internet, sendo os chamados "nativos digitais".

Veloso, Dutra e Nataka (2016) acreditam que, no Brasil, essas características são ainda mais fortes, em função da história recente do país. Como as instabilidades política e econômica aqui verificadas foram muito severas, o aprendizado das competências para sobreviver em meio à incerteza e às mudanças foi potencializado. Também destacam os autores que, para essa geração, o trabalho costuma ser percebido também como fonte de prazer e realização, e não apenas como meio de subsistência ou questão de lealdade, conforme percebido por gerações anteriores.

5. *Geração Z* – Tendo nascido a partir da década de 1990, como já destacado, os membros dessa geração estão ainda ingressando no mercado de trabalho e, por isso ocupam, na maioria dos casos, funções mais simples. Uma diferença significativa é que, ao contrário do que se observa nas gerações anteriores, não são filhos da que lhe antecedeu, ou seja, a Y. Isso porque o mundo atual é marcado por mudanças tão rápidas que diminuiu consideravelmente o espaço temporal das gerações.

Cappi e Araújo (2015) afirmam que essa geração vivenciou muitas mudanças desde a infância. Com o agravamento do desemprego, várias pessoas foram obrigadas a ir morar em outras cidades. Os casamentos se tornaram menos perenes e ficou comum também a constituição de novas famílias, passando a conviver com padrastos, madrastas e novos "irmãos". Tais famílias, entretanto, muitas vezes se desfazem pouco tempo depois de serem constituídas. A transitoriedade é, portanto, uma marca forte na vida dessa geração. Isso ajuda a explicar a grande facilidade que seus membros demonstram em lidar com as mudanças e a enfrentar a instabilidade. Esse pode ser um diferencial importante na vida profissional, dadas as características da sociedade e das organizações contemporâneas.

Lopes et al. (2014) destacam como um dos principais diferenciais dessa geração a necessidade de estar em permanente contato com outras pessoas, buscando o tempo todo a conectividade. Isso se deve à convivência precoce que tiveram com as redes sociais, que contribuiu para que desenvolvessem o apego ao coletivo e o ímpeto de estabelecer e manter constantes estímulos comunicacionais. Essa pode ser, certamente, uma característica favorável se resultar em maior disponibilidade e valorização do trabalho em equipe, que é tão importante em meio à complexidade que marca a ambiência organizacional contemporânea.

Cavazotti, Lemos e Viana (2012) destacam que essa geração se caracteriza por seus membros serem muito assertivos, manifestando com facilidade seus desejos e convicções. Não o fazem, todavia, de forma arrogante, conseguindo, em geral, manifestar suas opiniões de forma adequada. Essa característica, somada à grande facilidade em utilizar recursos tecnológicos mais avançados e à facilidade de interação profissional, pode levá-los, em pouco tempo, a ascender na carreira, ultrapassando, inclusive, a geração anterior na ocupação de cargos de chefia.

Também afirmam esses mesmos autores que, assim como a Y, a geração Z adota um contrato transacional, em substituição ao relacional que caracterizava as anteriores. Relacional seria um tipo de contrato psicológico (conjunto de expectativas mútuas implícitas em uma determinada situação envolvendo diferentes pessoas) marcado pela expectativa de manutenção no longo prazo de arranjos satisfatórios para todos. Já o transacional caracteriza-se pela busca de trocas utilitárias, focadas em resultados de curto prazo. Essa característica, já forte na Y, seria ainda mais expressiva na Z, e apresenta um grande potencial de gerar reações negativas por parte dos mais velhos, em especial os *baby boomers*, que tendem a percebê-la como falta de lealdade e desinteresse.

Mas, será isso mesmo? Repare, caro leitor, em uma palavra empregada nesse último parágrafo: "percebê-la". Ela nos remete a algo muito importante: a consciência de que a vida e os desafios que precisam nela ser enfrentados não são objetivos e indiscutíveis, dependendo antes da percepção subjetiva de cada um. Esse é um importante pressuposto para a melhor compreensão dos conflitos que podem ocorrer.

De acordo com levantamento do IBGE citado por Veloso, Dutra e Nakata (2016), a população economicamente ativa no Brasil está dividida em cerca de 34% *baby boomers*, igual percentual de pessoas da geração X e 33% da Y. Nessa classificação, a geração Z não está diferenciada da Y, pois essa separação não é ainda uma unanimidade entre os autores. Os tradicionalistas, por sua vez, são encontrados em número bem reduzido, devido à idade avançada, que faz com que quase todos já estejam aposentados. Como vemos, então, há um grande equilíbrio numérico entre as gerações nas organizações. Isso faz com que o potencial de ocorrência de conflitos seja grande, exigindo, dessa forma, a busca de uma compreensão melhor de suas causas e a descoberta de possíveis estratégias para melhor gerenciá-los.

É certo que as pessoas que compõem uma geração não são todas iguais, que seu comportamento não é homogêneo e previsível. Mas é verdade que, como realçam Veloso, Dutra e Nakata (2016:90), "A vida profissional envolve necessidades individuais e circunstâncias impostas pela sociedade, nem sempre passíveis de controle". Ou seja, cada indivíduo reflete não apenas suas próprias características de personalidade, como também a influência do tempo em que vive, em especial os estímulos e as dificuldades que precisaram ser enfrentadas ao longo de sua vida. Assim, mesmo convivendo em um mesmo contexto organizacional, pessoas de diferentes gerações tendem a assumir distintos posicionamentos e manifestar reações diversas.

Os tradicionalistas, por exemplo, vivem uma relação contraditória com os colegas, os quais por eles manifestam tanto respeito, quanto críticas. Podem, em decorrência, envolver-se em conflitos, tornando-se muito céticos em relação, principalmente, às gerações Y e Z, com as quais possuem fortes contrastes. Também se ressentem da perda da segurança e estabilidade que marcavam tempos passados das empresas nas quais trabalham e, por isso, costumeiramente condenam os arranjos corporativos atuais, tendo dificuldade de entender que as mudanças não ocorreram simplesmente pela vontade dos gestores e demais profissionais, sendo antes uma consequência das profundas transformações vivenciadas pela sociedade.

Para uma compreensão melhor das possíveis fontes de conflito, a figura 3 destaca as principais dimensões que se diferenciam de uma geração para a outra, com base nas características já apontadas.

Como vemos, são bem diferentes os posicionamentos que as gerações costumam assumir no ambiente das organizações de trabalho em relação a algumas características que se apresentam como de grande importância. Vale observar que as gerações Y e Z estão sempre muito próximas uma da outra nos gráficos aqui apresentados porque são, de fato, muito parecidas. A Z está ainda ingressando no mercado de trabalho e será necessário certo tempo até que fiquem claras suas características profissionais peculiares.

Figura 3

Diferenças entre as gerações no ambiente de trabalho

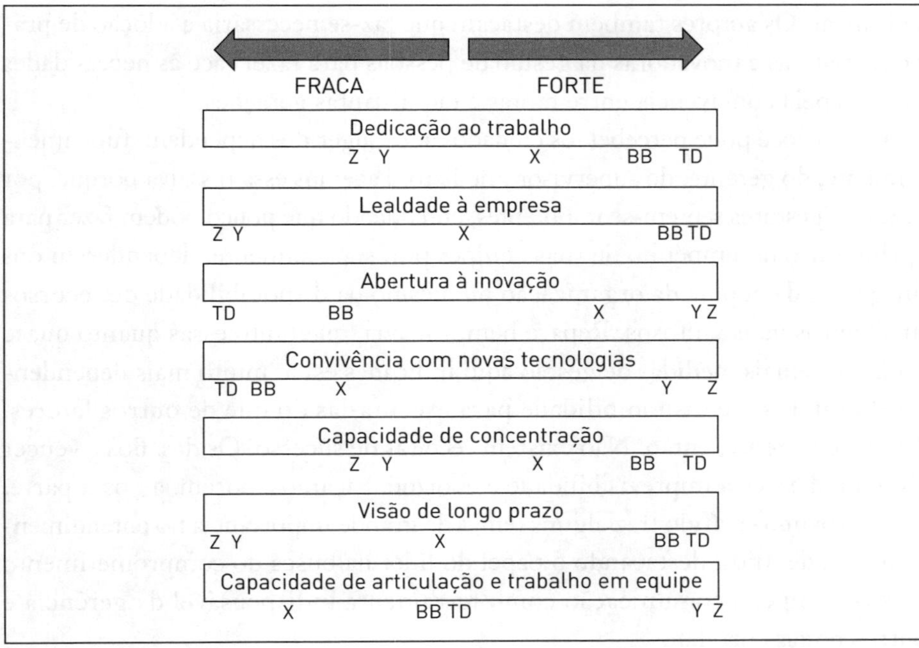

Considerando que essas cinco distintas gerações estão convivendo atualmente nas organizações, fica evidenciada a forte possibilidade de ocorrência de conflitos. Fazendo menção a um posicionamento já defendido na abertura deste capítulo, podemos dizer que os conflitos e a diversidade possuem, quando bem administrados, um elevado potencial de contribuição para o sucesso das organizações. Comazzetto et al. (2016) afirmam que a convivência paradoxal de determinadas características é uma constante em nossos dias, trazendo desafios e oportunidades para as empresas. Como exemplo, citam a resistência a perder o que já foi conquistado e a busca do novo, a criatividade. As gerações mais antigas, até mesmo por serem constituídas de pessoas mais velhas, encaixam-se bem no primeiro movimento. As gerações mais antigas, até mesmo por serem constituídas de pessoas mais velhas, encaixam-se bem no primeiro movimento,

Em relação à geração Y (e isso vale também, podemos acrescentar, para a Z), Comazzetto et al. (2016) apontam como possíveis estratégias para sua melhor inserção nas empresas três medidas fundamentais: a manutenção de uma comunicação eficiente entre os níveis hierárquicos, valorizando suas opiniões;

o incentivo à apresentação de novas ideias que possam gerar inovações; e uma maior responsabilização em reconhecimento ao bom desempenho que venham a alcançar. Os autores também destacam que faz-se necessária a adoção de práticas criativas e inovadoras na gestão de pessoas para fazer face às necessidades geradas pela convivência entre tantas e tão distintas gerações.

Como você pode perceber, os cuidados aqui sugeridos dependem, fundamentalmente, do gerente, do supervisor imediato. Fazemos essa ressalva porque, por vezes, os gestores sentem-se impotentes, entendendo que pouco podem fazer para aprimorar o desempenho de suas equipes por, supostamente, dependerem dos dirigentes da cúpula da organização ou mesmo da disponibilidade de recursos financeiros mais vultosos. Repare bem, todavia, que tanto essas quanto quase todas as demais medidas de gestão aqui indicadas estão muito mais dependentes do interesse e disponibilidade para executá-las do que de outros fatores. Vamos em frente, então! Não existem receitas de sucesso. Os desafios a vencer são complexos e a imprevisibilidade é enorme. Façamos, porém, a nossa parte.

O próximo capítulo traz alguns temas de grande importância no entendimento desses desafios, destacando o papel do líder na busca do comprometimento de sua equipe, a comunicação como ferramenta indispensável da gerência e outros temas correlatos.

4
Comportamento humano nas organizações

"Uma criatura de nervos modernos, de inteligência sem cortinas, de sensibilidade acordada, tem a obrigação cerebral de mudar de opinião e de certeza várias vezes no mesmo dia" (Pessoa, 2010:74). É resgatando o poeta Fernando Pessoa, plural como o universo, que abrimos este capítulo dedicado a temas tão caros na sociedade do conhecimento: liderança, motivação, comprometimento e comunicação. Tal como no primeiro capítulo, quando abrimos com Martel (2015), optamos por ressaltar no último capítulo a lógica que norteia este livro: verdades e certezas são sempre provisórias, o que torna o comportamento humano nas organizações ainda mais dinâmico, como veremos na sequência.

Começamos apresentando o processo de liderança, tema que desperta interesse dentro e fora das organizações. Abordamos o conceito, seus principais aspectos e teorias. Destacamos, também, os principais aspectos relacionados ao processo motivacional. Além disso, mostramos a questão do comprometimento e seus diferentes enfoques, bem como sua relação com a liderança e a motivação.

Na sequência, destacamos a importância do processo de comunicação, suas funções, as barreiras que podem prejudicá-lo, bem como medidas que podem ser adotadas para minimizar os problemas a ele inerentes. Em seguida, tratamos da chamada comunicação assertiva, que consideramos a modalidade mais adequada.

Em um terceiro momento, destacamos as necessidades interpessoais, sentimentos e comportamentos e a importância do autoconhecimento, com destaque para a identificação dos valores, da missão e da visão, considerados pontos de referência dos indivíduos. Argumentamos que a compreensão das questões de cunho subjetivo é fundamental para fortalecer as relações no trabalho e para gerar inovação e resultados consistentes.

Por fim, abordamos a construção da relação de parceria entre líderes e liderados. Ressaltamos que, na sociedade do conhecimento, a liderança deve ser vista como via de mão dupla e como a parceria pode acontecer. Encerramos a seção apresentando o *pipeline* de liderança, um modelo para formação e desenvolvimento de líderes.

Liderança, motivação e comprometimento nas organizações

Vivemos uma crise de lideranças. Você, leitor, possivelmente, já ouviu ou disse algo semelhante, não é mesmo? Liderança, em nível macro, nos remete à vida em sociedade. No Brasil, o que nos vêm à tona é a fragilidade da representação política a que estamos submetidos. Embora todos tenham sido escolhidos pelo voto popular, os escândalos, normalmente velados, começaram a ser revelados desde que a operação Lava Jato foi iniciada. Uma crise foi deflagrada e sentimos a ausência de uma figura de referência. No âmbito das organizações, muitas vezes sentimos falta de algo, apesar da ocupação dos cargos gerenciais. Ficamos perdidos, sem um norte. Na sociedade ou nas organizações, crises revelam que o modelo ou o modo de agir não é suficiente ou se tornou inadequado para resolver as questões contemporâneas. Entendemos que as crises podem ser um prelúdio à emergência de novos modelos e novas lideranças. Mas, o que é liderança? Convidamos você, leitor, para refletir sobre esse conceito.

Para Bergamini (1994:103), o conceito de liderança, muitas vezes, "assume uma conotação de 'dom' mágico, responsável por uma espécie de atração inexplicável que certas pessoas exercem sobre as outras". Pense em pessoas que você reconhece como líderes em diferentes ambientes, tais como o corporativo, o político, o religioso, o esportivo, entre outros. Não é difícil citar nomes, não é mesmo? Mas formular um conceito não é algo elementar. Concordamos com Bennis (1996) que, ao comparar liderança à beleza, admite a dificuldade de defini-las, embora seja fácil reconhecê-las. Tal constatação nos leva a considerar, tal como Turano e Cavazotte (2016:437) o fizeram, que liderança é "um fenômeno complexo e multifacetado", o que torna a busca pela sua compreensão uma tarefa instigante.

De modo geral, destacamos cinco aspectos que contribuem para explicar o conceito: (a) processo; (b) interação; (c) influência; (d) objetivos e metas; e (e) transformação do contexto (Turano e Cavazotte, 2016). Sendo assim, entendemos que liderança é algo sempre em construção, ou seja, não é produto acabado. Além disso, o fenômeno se dá por meio da interação entre indivíduos, que possibilita o exercício da influência do líder sobre um indivíduo ou uma coletividade. Essa influência visa à realização de determinados propósitos e, consequentemente, à transformação de um cenário específico. Concordamos, portanto, que liderança pode ser descrita como a

> competência de alguém em exercer influência sobre indivíduos e grupos, de modo que tarefas, estratégias, missões sejam realizadas e resultados sejam obtidos. Os ingredientes que compõem essa competência estão na aprendizagem contínuo [Vergara, 2007:63].

Mas que bases fundamentam a compreensão que temos hoje acerca do fenômeno? Você, leitor, conhece as principais teorias? Vamos aqui resgatá-las.

A teoria dos traços é considerada uma das primeiras tentativas de explicar o perfil do líder ideal. Para tanto, eram considerados aspectos físicos, habilidades e características da personalidade do indivíduo. De acordo com essa teoria, liderança seria algo inato. Isso significa dizer que o sujeito nasce líder, uma vez que possui os traços requeridos para o exercício da liderança. Sendo assim, a liderança não poderia ser desenvolvida ou aprendida (Vergara, 2016).

Estilos de liderança

A teoria dos traços, com o tempo, foi sendo questionada, dando espaço à emergência de outras, como a teoria dos estilos. De acordo com essa teoria, existem diversos estilos de liderança, quais sejam: (a) autocrático; (b) participativo; (c) *laissez-faire* (d) paternalista; e (e) burocrático.

O autocrático é um líder centralizador, que exerce sua autoridade por meio da imposição de ordens, sem espaço para o diálogo e a participação dos liderados. Ele espera que os liderados submetam-se passivamente ao seu comando, acreditando que "ordens são para serem cumpridas e não discutidas" e que "manda quem pode, obedece quem tem juízo". Muitos ainda consideram esse estilo o mais adequado, partindo da suposição de que, sendo os trabalhadores preguiçosos por natureza, somente um supervisor bem impositivo consegue fazê-los dedicar-se, evitando a malandragem. Na verdade, porém, trata-se de um estilo bastante danoso, que tolhe a iniciativa e não estimula o envolvimento da equipe com a busca de soluções para problemas que surjam. Além de desmotivar os funcionários, esse tipo de líder desperdiça aquele que representa atualmente o maior patrimônio de qualquer organização – o conhecimento – uma vez que abre mão das opiniões e da capacidade de contribuição de seus liderados.

O participativo estimula, sempre que possível, o envolvimento dos liderados na busca da melhoria contínua de suas atribuições e também no oferecimento de sugestões para o desenvolvimento da organização. Com isso, favorece a motivação e o engajamento da equipe, além de contribuir para o crescimento individual dos profissionais. Age, portanto, de forma oposta ao autocrático, não centralizando em si mesmo todas as iniciativas. Ele também exerce sua autoridade quando necessário, chamando a atenção e corrigindo os liderados quando estão agindo de forma equivocada, mas o faz de forma respeitosa e sempre de acordo com as necessidades do trabalho, e não conforme seus caprichos pessoais, como muitas vezes faz o autocrático.

O *laissez-faire* (deixar fazer, em francês) age de forma oposta ao autocrático, que concentra, como vimos, todo o poder em si próprio. Este, por sua vez, abre mão completamente de sua autoridade, delegando totalmente aos liderados a condução das atividades e as decisões (Tonet et al., 2012). Quando observa algo errado ocorrendo, prefere fingir que não está vendo para não ter de tomar atitudes. Espera que os problemas se resolvam por si mesmos, sendo, portanto, omisso e irresponsável. É um estilo de liderança bastante inadequado, que em nada contribui para o crescimento da equipe que lidera ou para o sucesso da organização. Um gerente que possua fortemente esses traços só sobrevive em organizações muito mal administradas, nas quais o compadrio ou outros critérios personalistas se revelem mais importantes do que a competência para a nomeação e manutenção em cargos de liderança.

O paternalista é aquele líder que dá sempre prioridade ao bem-estar de seus liderados, mesmo que em detrimento dos interesses da organização. É complacente com o erro, evitando confrontar os indivíduos quando não estão produzindo de forma adequada. Procura sempre a amizade e o reconhecimento de sua equipe e, para isso, coloca os interesses individuais acima dos objetivos corporativos, se necessário. Embora seja, em geral, muito querido e valorizado por seus liderados, costuma causar graves problemas por onde passa no que tange à produtividade do setor que supervisiona.

O burocrático, por sua vez, representa um líder que procura, acima de tudo, manter as rotinas administrativas e operacionais dentro de parâmetros preestabelecidos, seguindo rigorosamente as normas e os padrões de desempenho. Manifesta, porém, dois problemas: a rigidez excessiva e a falta de foco em resultados. O primeiro diz respeito à dificuldade que costuma manifestar em reconhecer quando uma norma ou procedimento precisa ser revisto ou flexibilizado, prejudicando, com isso, a adaptação a situações novas ou despadronizadas, tão comuns na sociedade atual. A falta de foco em resultados ocorre devido à forte ênfase que costuma dar ao mero cumprimento das rotinas, fazendo com que dedique mais esforço a procedimentos burocráticos do que à busca do alcance de metas.

Como você deve imaginar, caro leitor, ninguém defende a adoção dos estilos *laissez-faire*, paternalista ou burocrático, que são claramente inadequados e prejudiciais ao desenvolvimento das equipes e ao alcance de bons resultados. Os estudiosos da liderança dividem-se, porém, em dois grandes grupos: o primeiro acredita que o estilo participativo é o mais adequado e o outro defende que, por vezes, a autocracia se faz necessária. Para esse segundo grupo, os profissionais que trabalham com criação ou com atividades que demandam diferentes pontos de vista encontram, no líder participativo, uma referência adequada. Acreditam, contudo, haver situações que demandam ações rápidas, em que não há tempo para discussão. Defendem que o uso intenso da autoridade pode ser necessário em muitas situações.

Os defensores da supremacia da liderança participativa, por sua vez, argumentam que autoridade é diferente de autoritarismo. Que o fato de o gestor necessitar, por vezes, agir de forma firme com sua equipe, cobrando resultados e exigindo seriedade e dedicação não descaracteriza a gestão participativa, desde que isso ocorra de forma respeitosa, sem extrapolação da autoridade. Também argumentam que participação não é sinônimo de democracia e, por isso, nem sempre é necessário consultar os liderados. Que todos devem sentir-se à vontade para opinar sempre que desejarem, mas que isso não significa que a opinião da maioria prevalecerá, cabendo ao líder assumir a decisão final.

Vale também destacar que as primeiras teorias sobre liderança sublinhavam a figura do líder. A teoria contingencial, por seu turno, trouxe à tona a situação e os liderados, considerados elementos fundamentais para a compreensão do fenômeno como um todo. Como afirmam Tonet et al. (2012:55), essa teoria parte do princípio "de que não existe um estilo único de liderança válido para qualquer tipo de situação; tudo depende das circunstâncias". Liderar, portanto, é um exercício diário, que depende da experiência do líder, do tamanho e da composição das equipes, da natureza da atividade, da motivação e do comprometimento dos envolvidos, da cultura da organização, da urgência na tomada de decisão, entre tantos outros fatores que podem influenciar o processo. Como diz Vergara (2007:61), "o líder deve responder a um ambiente de dilemas e contradições mediante a aquisição de competências sobre si mesmo, sobre seus liderados e sobre o contexto em que atua".

Diante do exposto, leitor, advogamos que os pontos de partida para o exercício da liderança são o autoconhecimento e o autodesenvolvimento, processos mencionados no capítulo 1 e que, no âmbito da gestão de pessoas, nos permitem compreender melhor outras dimensões do comportamento, como a motivação e o comprometimento. Conhecer a si próprio é tarefa que aproxima o indivíduo da sua essência, favorecendo uma vida mais equilibrada, autêntica e madura (Gomes et al., 2015). Mas o que é motivação, caro leitor? O que é comprometimento? Que relação essas dimensões têm com a liderança? É o que veremos a seguir.

Motivação para o trabalho

Motivação significa motivo para a ação. É algo intrínseco, ou seja, está dentro de cada um de nós. É uma "energia que nos impulsiona na direção de alguma coisa", como assevera Vergara (2016:42). Tomando emprestadas as palavras de Caetano Veloso (1978b), entendemos que é uma "força estranha", que "nos leva a cantar", a trabalhar em um determinado projeto, a fazer um curso, a praticar um esporte ou a qualquer outra iniciativa que, de fato, nos movimente. O processo de motivação é dinâmico. Para melhor compreendê-lo, convidamos você, leitor, a percorrer conosco as principais abordagens teóricas.

Uma das teorias mais conhecidas quando se fala em motivação é a que define como a força derivada da busca de atendimento de necessidades, desenvolvida por Abraham Maslow, nos anos 1950. De acordo com essa abordagem, o ser humano possui sete necessidades básicas, e à medida que percebe, em uma determinada situação, que seus esforços pessoais podem favorecer o suprimento de tais necessidades, tende a se empenhar nessa direção (Sampaio, 2009).

Maslow não estudou especificamente a motivação para o trabalho, tampouco estabeleceu uma hierarquia entre as necessidades humanas, conforme explicitado em uma famosa pirâmide que costuma ser indevidamente a ele atribuída. Podemos, entretanto, com base nas ideias por ele defendidas, propor maneiras pelas quais as organizações podem contribuir para a motivação de seus funcionários, conforme demonstrado no quadro 6.

Quadro 6

As necessidades humanas segundo Maslow e os meios para supri-las

Necessidades	O que abrangem	Como contribuir para o atendimento
Fisiológicas	Tudo o que diz respeito ao bem-estar físico do indivíduo, como a alimentação, o sono e a preservação da saúde.	Remuneração adequada e boas condições de trabalho.
Segurança	Não se sentir ameaçado.	Ausência de ameaças graves e ambiente psicológico favorável.
Sociais	Sentir-se parte de grupos, mantendo relações positivas de amizade.	Estímulo à coesão do grupo e ao bom relacionamento interpessoal.
Estima	Sentir-se valorizado pelos outros.	Elogio e reconhecimento do valor de cada um.
Autorrealização	Percepção de que está realizando seu potencial; satisfação com o que alcançou.	Alocação de cada pessoa em tarefas compatíveis com seu potencial e seu perfil motivacional.
Saber e entender	Desejo de compreender o porquê das coisas.	Gestão transparente e sistema eficaz de comunicação interna.
Estética	Gosto pelo belo, harmonioso e organizado.	Manutenção do local de trabalho limpo, confortável e organizado.

É muito importante ressalvar que a motivação representa um fenômeno intrínseco ao indivíduo, não podendo ser controlado por outras pessoas (Vergara, 2016). Os gestores podem, todavia, criar condições que facilitem esse processo, contribuindo para o suprimento das necessidades dos funcionários nos termos aqui propostos.

Outro estudioso clássico da motivação foi Herzberg. De acordo com sua teoria, o comportamento das pessoas no trabalho poderia ser explicado por meio de fatores higiênicos e motivacionais (Vergara, 2016). Higiênicos são aqueles relacionados ao ambiente, como salário, relacionamento com superiores e colegas, entre outros. Quando estão presentes, os fatores higiênicos não são suficientes para gerar satisfação, mas quando ausentes, certamente causam insatisfação. Imagine, por exemplo, que seu salário é pago no quinto dia útil de cada mês. Você provavelmente não ficará satisfeito ao verificar que o pagamento entrou na sua conta na data acordada, uma vez que já era o esperado. Mas, certamente, ficará insatisfeito se o pagamento atrasar. Os fatores motivacionais, por sua vez, são intrínsecos. É o caso, por exemplo, da autorrealização. Quando presentes, normalmente, geram satisfação. Mas quando ausentes não causam insatisfação.

Imagine o caso de um professor que orientou e incentivou um aluno durante anos e, em dado momento, vê esse indivíduo assumir uma posição de destaque no meio profissional ou concluir um curso de doutorado. É uma realização que gera satisfação para o professor. Contudo, se isso não ocorrer, não chega a causar insatisfação. Você acha que a teoria de Herzberg faz sentido, leitor? Acreditamos que sim, apesar de suas limitações, o que deixa espaço para outros estudos.

A teoria de McClelland, assim como a de Maslow, aborda as necessidades humanas. Para David McClelland, os indivíduos possuem necessidades de realização, poder e associação (Robbins, 2005). Realização diz respeito ao desejo de fazer algo melhor do que foi feito no passado. Se você, leitor, pratica corrida ou já conversou com pessoas que correm, deve ter percebido que a maioria busca melhorar seu próprio tempo, ampliar a distância ou, ainda, se lançar em percursos de montanha, desafiando a altimetria. Se não *ganham* nada para fazer isso, por que correm? É a necessidade de realização, definida por McClelland. Poder, por sua vez, refere-se à necessidade de influenciar e controlar as pessoas. Querem estar no comando. Você conhece pessoas com essa necessidade? Acreditamos que sim. Finalmente, associação diz respeito à necessidade de afeto, de manter relacionamentos interpessoais próximos. De um modo geral, o que diferencia a teoria de McClelland da teoria de Maslow é o entendimento de que as necessidades podem ser desenvolvidas, além de não funcionarem de forma hierárquica. Evidentemente, como outras teorias, ela trouxe contribuições, mas não esgota o tema.

Outra teoria importante é a da expectativa, desenvolvida por Victor Vroom. Ela se baseia em três relações: esforço-desempenho, desempenho-recompensa e recompensa-metas pessoais. Estabelece que "a força da tendência para agir de determinada maneira depende da força da expectativa de que esta ação trará certo resultado, e da atração que este resultado exerce sobre o indivíduo" (Robbins, 2005:148). Imagine, por exemplo, o caso de um consultor que passa o final de semana trabalhando incessantemente para elaborar uma proposta para ser entregue a um grande cliente na segunda-feira. De acordo com a teoria da expectativa, o indivíduo se sente motivado para colocar sua energia nesse trabalho, pois acredita que a proposta tem chance de ser aceita, resultando na assinatura de um contrato. Por conseguinte, o fechamento desse contrato pode alçar o consultor ao posto de gerente do projeto, o que é o desejado por ele. A teoria da expectativa é uma das mais amplamente aceitas quando se fala em motivação. Ela, de fato, faz sentido para explicar a ação dos indivíduos. Da mesma forma, contribui no sentido de revelar a frustração que se dá quando as relações são quebradas. Voltemos ao caso do consultor. Imagine se, após o esforço e o fechamento do contrato, o posto de gerente do projeto for concedido a outro profissional, que talvez não tenha nem participado da fase da proposta. A motivação, provavelmente, daria lugar à frustração, como veremos ainda nesta seção.

Hackman e Oldham (1976) propuseram um modelo baseado em cinco condições que devem ser mantidas pelas organizações para favorecer a motivação para o trabalho:

- variedade de tarefas – atribuir a cada indivíduo um conjunto diversificado de atividades, evitando que fique restrito a tarefas muito repetitivas;
- identidade das tarefas – permitir que os indivíduos executem uma atividade do começo ao fim, evitando a excessiva fragmentação das tarefas;
- significado do trabalho – demonstrar que as atividades desenvolvidas são relevantes para a organização;
- autonomia – conceder liberdade aos indivíduos para que programem a forma como vão desempenhar suas tarefas;
- conhecimento dos resultados – oferecer *feedback* aos indivíduos a respeito de seu desempenho, apontando, de forma construtiva, o que precisa ser aprimorado e elogiando o que está sendo feito de forma adequada.

Essa teoria foca, como vemos, em questões diretamente relacionadas ao trabalho em si. De acordo com estudiosos como Herzberg, que, como destacam Ferreira et al. (2009), defende que os fatores intrínsecos às atividades profissionais são mais relevantes no processo motivacional do que aqueles extrínsecos, como as recompensas, o bom relacionamento ou o bom tratamento recebido, que, como vimos, representariam os chamados fatores higiênicos.

Vale também destacar a teoria da equidade, apresentada por J. Stacy Adam, na década de 1960 do século XX, aborda a percepção de justiça no ambiente de trabalho. De acordo com a teoria, os indivíduos realizam comparações entre a própria situação e a dos outros, ou seja, o esforço que realizam e o que recebem (remuneração, benefícios, condições de trabalho). Se percebem que as relações são iguais, ou seja, há justiça no ambiente de trabalho, a motivação se dá. Por outro lado, se percebem que há favoritismos, o sentimento é de injustiça e, consequentemente, desmotivação (Robbins, 2005; Vergara, 2016). Assim como a teoria da expectativa, a da equidade tem sido amplamente aceita por aqueles que se dedicam aos estudos ligados à motivação.

Outras teorias poderiam ser citadas, mas as aqui descritas são consideradas as principais. Elas certamente contribuem para explicar o que nos leva à ação. Contudo, você, leitor, já parou para pensar o que ocorre quando o reconhecimento não acontece? Veja que mencionamos o exemplo do consultor que colocou toda a sua energia em um trabalho e imaginava ser reconhecido por isso. Em caso positivo, seria o melhor dos mundos. Em caso negativo, viria a frustração. Como diz Vergara (2016), quando o reconhecimento não acontece, abre-se espaço para o vazio, a frustração. Nesse caso, o ser humano acaba desenvolvendo, inconscientemente, mecanismos de defesa, em resposta ao vazio, conforme a seguir destacado.

Mecanismos de defesa e comprometimento

Mecanismos de defesa podem ser de ordem psicológica, sociológica, química e tecnológica. Os principais mecanismos psicológicos são, por exemplo, a racionalização, a apatia, a generalização, a somatização, entre outros. Mecanismos sociológicos, por seu turno, estão ligados à inserção do indivíduo na sociedade e a comportamentos considerados compulsivos, como o consumo utilizado em resposta ao estresse ou a situações desagradáveis. Mecanismos químicos, por sua vez, estão ligados ao uso indiscriminado de medicamentos, drogas, álcool ou outras substâncias com o objetivo de relaxar ou esquecer a situação geradora da frustração. Por fim, mecanismos tecnológicos estão ligados à utilização excessiva de redes sociais, *games* ou qualquer outro recurso digital. Você, leitor, já observou, por exemplo, como há pessoas que estão conectadas todo o tempo? Talvez estejam buscando se desconectar de algo, não é mesmo? Como diz Vergara (2016:50), "mecanismos de defesa funcionam como fugas".

Diante do exposto, consideramos que uma reflexão acerca das teorias sobre motivação e dos mecanismos de defesa pode contribuir para compreendermos o comportamento humano no trabalho. Como apresentamos ao longo deste livro, pessoas são o grande diferencial para que as organizações se mantenham competitivas e respondam aos desafios postos pela sociedade do conhecimento. As organizações precisam de pessoas competentes, motivadas e comprometidas com o alcance de resultados. Mas o que é comprometimento?

As décadas de 1970 e de 1980 foram bastante intensas em termos de estudos sobre bases e medidas de comprometimento, indicando naquela época a pluralidade que o termo assumiria (Bastos et al., 2008). Diferentes definições e interpretações são admitidas, dependendo das abordagens utilizadas (Bastos, 1993). De qualquer forma, o que se pode afirmar, independentemente das linhas de investigação, é que se trata de um dos mais importantes constructos para a compreensão do comportamento humano no trabalho. Com Rego (2003:26), concordamos que, de modo geral, comprometimento "pode ser concebido como um estado psicológico que caracteriza a ligação dos indivíduos à organização". A partir de meados da década de 1980, os estudos sobre comprometimento se consolidaram tomando como base explicativa três componentes: (a) o afetivo; (b) o normativo; e (c) o instrumental (Bastos et al., 2008). Vamos ver a diferença entre eles.

Comprometimento afetivo diz respeito ao estado no qual o indivíduo se liga à organização por conta de objetivos e valores em comum. Além disso, podemos destacar o sentimento genuíno de lealdade, o desejo do indivíduo de permanecer na organização, bem como o esforço em prol do todo (Bastos, 1993). Comprometimento normativo, por sua vez, refere-se ao estado no qual indivíduo e organização estão ligados por questões morais, ou seja, o indivíduo se compromete porque acha certo fazê-lo. Trata-se de uma obrigação para com a organização (Bastos et al., 2008). Por fim, comprometimento instrumental diz respeito ao estado no qual o indivíduo se liga à organização em função de recompensas e custos associados ao fato de ser membro da organização (Bastos, 1993). Rego (2003:27) acrescenta que essa ligação pode "advir da ausência de alternativas de emprego ou do sentimento de que os sacrifícios pessoais gerados pela saída serão elevados". O quadro 7 apresenta uma visão geral das principais bases do comprometimento.

Quadro 7
Bases do comprometimento

Categorias	Caracterização	A pessoa permanece na organização porque...	Estado psicológico
Afetiva	Ligação emocional entre indivíduo e organização.	...sente que *quer* permanecer.	Desejo
Normativa	Ligação de obrigação (ou de dever moral) entre indivíduo e organização.	...sente que *deve* permanecer.	Obrigação
Instrumental	Ligação entre indivíduo e organização baseada no cálculo dos custos de agir de forma diferente.	...sente que *tem necessidade* de permanecer.	Necessidade

Fonte: adaptado de Rego (2003).

Diante do exposto, caro leitor, você acha que as diferentes bases do comprometimento têm sentido? Já vivenciou experiências ligadas ao desejo, ao dever moral ou à necessidade de permanecer na organização? Até que ponto estamos construindo vínculos sustentáveis? Pense sobre isso.

Entendemos que o comprometimento se dá de forma autêntica quando determinados elementos coexistem no ambiente de trabalho. Que elementos são esses? Em primeiro lugar, destacamos a ética nas relações, um clima de confiança e respeito entre todos, independentemente de posições na hierarquia. Igualmente importante é a congruência entre os valores do indivíduo e os valores da organização. Quando há incompatibilidade entre os valores, o indivíduo pode até permanecer na organização porque precisa do emprego, mas o desejo estará voltado para a busca de outras oportunidades. Entendemos que o comprometimento, nesse caso, fica, de certa forma, abalado. Outro elemento fundamental diz respeito à figura do líder e seu comportamento diante de tantos desafios que se apresentam a todo momento. Por fim, consideramos que a atuação da área de gestão de pessoas e a existência de políticas voltadas para o desenvolvimento e a retenção de talentos são essenciais para, de forma complementar aos outros elementos, contribuir para o comprometimento dos indivíduos com a organização. Consideramos, assim como Macêdo et al. (2007:106), que "o verdadeiro comprometimento pressupõe uma opção consciente do indivíduo".

E então, leitor, como você percebe a relação entre liderança, motivação e comprometimento? Considerando que são três aspectos relacionados ao comportamento humano, estão permeados de subjetividade. Não são produtos acabados; ao contrário, estão sempre em construção. Todos têm como base o autoconhecimento e podem se desenvolver por meio da interação com o ambiente social, o que nos remete ao tema comunicação, foco da próxima seção.

Comunicação assertiva

Parece não haver dúvidas sobre a importância da comunicação em todas as esferas de atuação humana: no ambiente profissional, nas relações pessoais e na vida em sociedade de modo geral. Contudo, por mais paradoxal que pareça, o processo de comunicação ainda é negligenciado pelos indivíduos e pelas organizações. Quem trabalha com gerenciamento de projetos, por exemplo, sabe que comunicação é um dos aspectos menos considerados no planejamento de um projeto; ao mesmo tempo, os problemas de comunicação são os mais frequentes (Galvão, 2006; Gelis Filho e Blikstein, 2013). Diante do exposto, leitor, nos resta refletir sobre o tema e discutir o que podemos mudar em nosso âmbito de atuação. Vamos, então, começar pelo conceito de comunicação.

Comunicação é um processo pelo qual informações, ideias e emoções são transmitidas de um indivíduo para outro. Assim como outros processos da gestão de pessoas, comunicação é via de mão dupla, ou seja, ocorre quando há troca e compreensão da mensagem pelos envolvidos. A comunicação se realiza a partir de um conjunto de elementos, quais sejam: (a) emissor; (b) mensagem; (c) canal; (d) receptor; e (e) *feedback*. O emissor emite uma mensagem que é transmitida por algum canal ao receptor que, por sua vez, retroalimenta o processo, emitindo um *feedback*, que é a verificação de que a mensagem foi ou não compreendida. Durante o processo, as mensagens são codificadas e decodificadas, ou seja, traduzidas em linguagem compreensível pelos participantes (Chaves et al., 2007; Robbins, 2005).

No âmbito organizacional, o processo de comunicação apresenta quatro funções básicas: (a) controle; (b) motivação; (c) expressão emocional; e (d) informações (França, 2007; Robbins, 2005). Elas são descritas a seguir.

A primeira função está ligada à lógica de funcionamento da organização e à estrutura hierárquica, o que nos remete, também, ao comportamento dos indivíduos (Robbins, 2005). A reunião de apresentação do *status* de um projeto, por exemplo, tem viés de controle e, dependendo da condução, pode ser algo positivo para os envolvidos. Por outro lado, frases de efeito ou *slogans* usados no ambiente organizacional, muitas vezes desconectados das políticas de gestão de pessoas, podem assumir uma função de direcionamento do comportamento dos indivíduos para o alcance de determinados propósitos. O termo *vestir a camisa*, por exemplo, é usado há tempos com fins comportamentais. Consideramos, todavia, que se trata de uma expressão inadequada, que induz à percepção de que os indivíduos precisam abrir mão de suas próprias preferências e convicções, assumindo comportamentos e atitudes impostas pelas organizações nas quais trabalham. De uma forma ou de outra, porém, é necessário que as organizações mantenham algum tipo de controle sobre seus membros, sendo importante, assim, que sejam buscadas formas adequadas de exercê-lo. O controle via comunicação será mais ou menos recorrente dependendo da cultura da organização e do relacionamento entre líderes e liderados e entre pares.

A segunda função, por sua vez, traz à tona os aspectos motivacionais. A comunicação inadequada ou a ausência de comunicação pode levar à desmotivação, uma vez que o indivíduo tem de agir em um cenário com pouca informação ou até mesmo informações distorcidas sobre os procedimentos para a realização das tarefas, sobre seu desempenho, entre outras variáveis (Robbins, 2005). Ainda hoje, são frequentes as queixas, no ambiente de trabalho, de indivíduos que declaram não saber o que a organização espera do trabalho deles. Por outro lado, a comunicação pode impulsionar o indivíduo para a ação quando há troca de informações entre os membros da organização, quando metas são definidas e discutidas com os indivíduos, além dos processos de *feedback*, que podem levar à correção de rumos e a novos aprendizados. Indivíduos que buscam desafios, por exemplo, certamente se sentem mais motivados para o trabalho quando o processo de comunicação é bem conduzido.

A terceira função, por seu turno, nos remete à interação social (Robbins, 2005). O homem é um ser social e exprime ideias, sentimentos e emoções por meio da comunicação. As trocas entre os participantes podem gerar aproximação, além de relações de trabalho e pessoais mais harmônicas. Contudo, a interação também é permeada por desafios. Você se lembra, por exemplo, das questões ligadas à expatriação comentadas nos capítulos 1 e 2? Considere, então, que em ambientes multiculturais o processo de comunicação exige maior atenção dos participantes e habilidades como uma adequada *leitura* do contexto no qual estamos inseridos, bem como uma busca constante pela compreensão das práticas e costumes locais. Entendemos que a comunicação pode facilitar a expressão emocional, embora sua efetividade dependa da forma como se dá o processo.

Por fim, a quarta função diz respeito ao fornecimento de informações para a tomada de decisão (Robbins, 2005). Decisões exigem dados atuais, confiáveis e consolidados. Além disso, as discussões amparadas em um processo de comunicação eficaz contribuem para uma avaliação melhor dos cenários e das alternativas disponíveis. Como mencionamos no capítulo 1, informações alimentam a sociedade do conhecimento, que ganha sentido com o compartilhamento de saberes, valores, visões de mundo, dúvidas, entre outros elementos de caráter objetivo e subjetivo. Nesse contexto, a quarta função da comunicação é evidente.

Diante do exposto, leitor, percebemos que as interações nas organizações ocorrem para cumprir uma ou mais das funções mencionadas. A tarefa, contudo, não é simples e exige dos participantes – líderes e liderados – o enfrentamento de uma série de barreiras inerentes ao processo, como veremos a seguir.

Barreiras à comunicação

As barreiras podem estar relacionadas ao emissor, ao receptor, ao canal ou ao contexto no qual a comunicação se dá. Uma das principais barreiras diz respeito ao uso da linguagem, que nem sempre é comum a todos os participantes (Chaves et al., 2007). Sabemos que os termos utilizados e a linguagem de forma geral adotada em reuniões da alta administração são diferentes daqueles usados por indivíduos da base, no chamado chão de fábrica. Mas as diferenças vão além de posições hierárquicas e grau de escolaridade. Especificidades relacionadas às gerações, mencionadas no capítulo 3, e às questões geográficas e culturais também podem interferir na comunicação.

Uma segunda barreira está relacionada à sobrecarga de informações. Como hoje trabalhamos com um volume de informações acima do que conseguimos processar, dada a expansão provocada pela tecnologia, a seleção do que é relevante, muitas vezes, fica em segundo plano, prejudicando o processo de comunicação (Robbins, 2005).

Uma terceira diz respeito ao despreparo dos participantes, embora seja algo inaceitável na sociedade do conhecimento (Chaves et al., 2007). Você, por exemplo, já participou de reuniões em que os indivíduos pouco contribuíram para a discussão do tema em questão? Não necessariamente o problema passa pela falta de conhecimento. Muitas vezes, é decorrente da falta de planejamento. Não raro, indivíduos comparecem a reuniões sem tomar ciência da pauta a ser tratada, dos participantes, entre outras questões. Não raro, também, pautas são ignoradas durante o evento. Entendemos que o despreparo é uma barreira prejudicial não só à comunicação, mas também à gestão do tempo no ambiente corporativo.

Uma quarta está ligada ao medo, à insegurança ou ao excesso de ansiedade diante de situações em que o indivíduo se vê como protagonista no processo de comunicação (Robbins, 2005). O ato de falar em público normalmente figura como um dos maiores temores dos indivíduos. Há quem pense que estamos nos referindo apenas a discursos, palestras, aulas, o que ocorre para um público numericamente considerável. Contudo, isso pode acontecer também na comunicação face a face, em uma reunião com um superior ou subordinado, no momento de dar *feedback* ou em outras situações dessa natureza. Por mais preparado tecnicamente que o profissional esteja, a insegurança extrema pode gerar problemas ou enfraquecer o processo de comunicação.

Questões comportamentais podem também constituir mais barreiras à comunicação (Chaves et al., 2007; Robbins, 2005). Situações anteriores vividas pelos participantes podem, por exemplo, suscitar atitudes hostis, dependendo de como foram resolvidas. O clima de desconfiança entre os participantes é outro ponto que merece atenção, pois, em geral, prejudica qualquer tentativa de comunicação se nada for feito para revertê-lo. O preconceito é outra questão que deve ficar em nosso radar, seja no ambiente corporativo, seja em âmbito social. Quem nunca foi alvo de preconceito ou, por outro lado, agiu baseado em preconceitos no ambiente de trabalho? O preconceito normalmente diz respeito a questões de gênero, faixa etária, raça, orientação sexual, entre outras. Mesmo com os avanços sociais dos últimos tempos, ainda hoje ouvimos relatos, por exemplo, de mulheres que enfrentam preconceito no trabalho, sobretudo em áreas ditas masculinas, como construção civil, siderurgia, indústria automobilística, por exemplo. Dirigir uma reunião, apresentar um projeto ou outra atividade que dá à mulher certo protagonismo em termos de comunicação pode acabar virando um desafio quando o preconceito está em cena. O mesmo acontece quando profissionais são considerados jovens demais, velhos demais ou não se enquadram no que alguns julgam o ideal. O resultado, sem dúvida, provoca danos à comunicação.

Outra questão que chama a atenção diz respeito à estrutura organizacional e ao excesso de burocracia (Chaves et al., 2007). Estruturas pesadas, com muitos níveis hierárquicos, normalmente, dificultam o fluxo da comunicação. O excesso de regras, procedimentos, papéis e autorizações também constitui barreiras. Como resultado, temos a possibilidade de fragmentação das informações, distorção, além de morosidade no processo.

Por fim, mas sem esgotar o assunto, problemas técnicos podem, também, figurar como entraves ao processo de comunicação (Chaves et al., 2007). Quem nunca se deparou com problemas de sinal, baixa qualidade de transmissão, pane em equipamentos ou incompatibilidade entre sistemas? São pontos que merecem, também, atenção.

Acreditamos que em algum momento da sua trajetória pessoal ou profissional, as barreiras aqui citadas ou outras com as quais você se deparou tenham dificultado ou até impedido o processo de comunicação do qual participava. Que medidas podem, então, ser adotadas para transpor essas barreiras?

Entendemos que o planejamento deve estar em primeiro plano, dedicando a ele tempo compatível com a situação-alvo do processo de comunicação. Pode ser a apresentação de um projeto para a diretoria da empresa, uma reunião com um cliente, uma reunião com a equipe virtual da qual você é líder, entre tantas outras situações. Sendo assim, analise o perfil dos participantes do processo, bem como a linguagem adequada a esse público. Dependendo da situação, avalie se a comunicação deve ocorrer no formato presencial, por videoconferência, Skype, *e-mail* ou outro veículo que julgar mais adequado. Se precisar de recursos tecnológicos, teste os equipamentos e solicite auxílio, se for o caso. No tocante a questões comportamentais, avalie o melhor momento para que a comunicação aconteça. Muitas vezes, o clima na organização não está favorável à comunicação. Espere, se for necessário. Esteja preparado para a situação que vai enfrentar. Aprenda a *ler* o ambiente e evite julgamentos antecipados. Uma postura positiva e de abertura ao diálogo pode, em muitos casos, minimizar ou até eliminar os entraves que porventura venham à tona durante o processo de comunicação. Concordamos com Wood Jr. (2007:31) quando aponta que "o verdadeiro diálogo é uma disciplina, que pode melhorar a qualidade da conversação e do contato humano, e constitui um método de descoberta e geração de ideias em modo grupal". Diante do exposto, leitor, a postura que defendemos nos aproxima, também, da chamada comunicação assertiva, como veremos a seguir.

Assertividade na comunicação

A palavra assertiva tem origem no latim e traz à tona os termos afirmação e argumentação. No âmbito da comunicação, nos remete, ainda, à transparência, à clareza e ao respeito com o interlocutor. Tais aspectos, contudo, ficam embotados dependendo dos objetivos dos participantes, como veremos a seguir.

Estudos sobre comunicação assertiva apresentam, em geral, quatro estilos de comunicação ligados ao ambiente de trabalho. São os seguintes: (a) agressivo; (b) passivo; (c) passivo-agressivo; e (d) respeitoso-assertivo. Os três primeiros são considerados indesejáveis, enquanto o quarto é visto como o ideal (Gelis Filho e Blikstein, 2013). Vamos analisar cada um deles.

O estilo agressivo nos remete à grosseria, à agressão, literalmente. Um indivíduo que interrompe a fala do outro, mesmo que de forma simpática ou de brincadeira, está adotando o estilo agressivo. O fato de impedir que o outro expresse suas ideias marca esse estilo (Gelis Filho e Blikstein, 2013). Você, leitor, talvez conheça pessoas que frequentemente recorrem a esse estilo, não é mesmo?

O estilo passivo, por sua vez, nos remete à omissão. Um indivíduo que não manifesta sua opinião quando ela é esperada está sendo passivo na comunicação. A passividade pode ocorrer por comodidade, medo ou fuga. Há pessoas, por exemplo, que evitam o confronto de ideias, as discordâncias ou as discussões sobre temas polêmicos. Nesse caso, estão optando deliberadamente pelo estilo passivo (Gelis Filho e Blikstein, 2013).

Já o estilo passivo-agressivo traz à tona a questão da manipulação na comunicação. Um indivíduo que tenta impedir que o processo de comunicação flua, seja pelo comportamento sarcástico, seja ignorando o outro e a situação, está recorrendo ao estilo passivo-agressivo, cujo objetivo é impedir o diálogo (Gelis Filho e Blikstein, 2013).

Por fim, o estilo respeitoso-assertivo traz à tona a ética na comunicação (França, 2007). Um indivíduo que pauta seu comportamento na responsabilidade, na imparcialidade e na coerência, evitando atitudes agressivas e passivas, está sendo respeitoso-assertivo na comunicação. É o único estilo considerado como ideal, pois seu foco é o sucesso genuíno do diálogo, diferentemente dos demais estilos (França, 2007; Gelis Filho e Blikstein, 2013).

Dessa forma, caro leitor, entendemos que a comunicação assertiva, representada pelo estilo respeitoso-assertivo, corresponde ao que Zarifian (2001) denomina "comunicação autêntica". Para o autor, a comunicação autêntica no mundo do trabalho diz respeito ao

> processo pelo qual se instaura uma compreensão recíproca e se forma um sentido compartilhado, resultando em um entendimento sobre as ações que os sujeitos envolvidos são levados a assumir juntos ou de maneira convergente [Zarifian, 2001:165].

De forma complementar, Tonet et al. (2012:129) afirmam que

> a assertividade é provocadora de interação e contribui efetivamente para a integração entre líderes e membros da equipe e também entre os próprios membros, quando optam por posturas e atitudes assertivas.

Entendemos que a comunicação assertiva é um importante instrumento para a promoção das trocas entre os indivíduos e o compartilhamento de saberes, tão caro à sociedade contemporânea. É, também, um elemento facilitador da busca pela compreensão do outro e de si mesmo, das necessidades, dos sentimentos, das expectativas e do comportamento de forma geral.

Vale também destacar a importância de que o gerente compreenda que existem duas grandes dimensões da comunicação corporativa, conforme abordado a seguir.

Os sistemas formal e informal de comunicação

As organizações contam com um sistema de comunicação instituído por seus dirigentes e que representa aquilo que é formalmente aceito e difundido. Nessa dimensão circulam, no sentido descendente, que é aquele que vem de cima para baixo na cadeia hierárquica, informações cuja disseminação é considerada relevante. Em geral, esse é o tipo de comunicação que merece maior cuidado por parte dos gestores, os quais costumam preocupar-se em difundir planos, normas, orientações, esclarecimentos sobre o trabalho e tudo o mais que considerem relevante de ser divulgado para os funcionários. Os diversos meios hoje disponíveis, como o *e-mail*, o telefone e os aplicativos de mensagens facilitam bastante a difusão do que é vinculado nessa modalidade de comunicação.

É necessário, porém, que não apenas seja buscada a eficiência do processo, no caso representada pela transmissão ágil e clara das mensagens. Deve-se primar, também, pela eficácia, que significa o alcance dos objetivos pretendidos, em geral relacionados à mobilização de esforços, à adesão aos propósitos da organização e desafios similares. Por vezes, falta sensibilidade aos gestores para que seja alcançado sucesso nesse intento.

Vejamos, por exemplo, o seguinte caso, que aconteceu em uma organização: havia um refeitório terceirizado, no qual os funcionários que quisessem almoçar pagavam um determinado valor. Diariamente formavam-se grandes filas para adquirir o tíquete do almoço. Foi buscada, então, uma solução que certamente seria muito positiva para todos: instalou-se uma catraca eletrônica na qual cada pessoa passava seu crachá, que possuía código de barras. O valor da refeição passou a ser descontado no contracheque, gerando maior comodidade. Seria uma ótima notícia, não é mesmo leitor? Mas sabe como ela foi dada? Colocaram cartazes nos murais com o seguinte texto: “Atenção senhores funcionários. Comunicamos que a partir do dia tal, quem não estiver portando seu crachá não poderá mais almoçar, devido à implantação do novo sistema de acesso ao refeitório". Que tal? Que eficácia você acha que teve essa comunicação? Que efeitos gerou no clima organizacional? Simplesmente, transformou uma ótima notícia em motivo de revolta e descontentamento.

O outro sentido da comunicação formal é o ascendente, que contempla as mensagens que fluem da base para o topo da hierarquia. Nem todas as organizações dão o devido valor a esse tipo de comunicação, mas deveriam buscar seu constante aprimoramento. Trata-se de uma forma valiosa de conhecer as opiniões, sugestões e anseios dos profissionais, independentemente do nível hierárquico. Além de poder contribuir com o aprimoramento dos processos decisórios, esse tipo de comunicação apresenta um ótimo potencial para gerar nos funcionários um sentimento de que são valorizados e reconhecidos. Caixas de sugestão (físicas ou virtuais), reuniões de debate, ouvidoria e outros canais de acesso aos dirigentes são os principais meios que podem ser utilizados.

Em paralelo ao sistema formal, toda organização possui o informal, que representa as opiniões pessoais de quem faz circular uma determinada informação ou posicionamento. É comum que essa dimensão seja vista com grandes reservas pelos gestores, sendo apelidada de "rádio corredor", "rádio peão" ou termos similares. Muitas pessoas ligam a rede informal apenas a seus aspectos negativos: os boatos e as fofocas que podem ocorrer. Há, todavia, pelo menos dois grandes benefícios que podem ser proporcionados pelo sistema informal. O primeiro é o reforço daquilo que é anunciado na dimensão formal, que ocorre quando os funcionários comentam uns com os outros as informações recebidas da organização, atribuindo a elas relevância e validade. O outro é a significativa contribuição para a união das equipes e o bem-estar dos funcionários que as trocas de informação, os bate-papos podem proporcionar.

No lugar de considerarem como necessariamente negativa a rede informal, procurando reprimi-la, os gestores precisam entender que a melhor forma de ela representar uma aliada, e não uma ameaça, é manter a rede formal eficiente e eficaz. Uma das principais causas dos boatos que podem circular nas organizações são as falhas na comunicação corporativa que geram ansiedade, descontentamento e induzem as pessoas a buscarem preencher os vazios deixados pelas informações que não receberam.

A outra manifestação negativa, as fofocas representam conversas depreciativas sobre outras pessoas e podem ser causadas por inveja, conflitos interpessoais ou ainda pela imprudência no comportamento ou antipatia da pessoa enfocada. Os principais cuidados que os gerentes podem adotar para evitar ou minimizar esse problema são: jamais valorizar quem lhe traz uma fofoca; não adotar pesos diferentes no tratamento dos liderados que possa induzir à inveja e ao descontentamento; confrontar o fofoqueiro, repreendendo-o por depreciar colegas e estimular a prática do *feedback*; e a aceitação de críticas construtivas na equipe.

A comunicação representa, enfim, uma das mais valiosas ferramentas gerenciais, devendo merecer grande atenção por parte dos gestores. Quando bem conduzida, trata-se de um precioso recurso para o exercício da liderança. Se for mal gerenciada, porém, pode não apenas fracassar nos objetivos que deveriam ser atendidos, como também gerar problemas como os que foram aqui destacados.

A próxima seção trata de outro tema muito relevante para os gestores, destacando como as necessidades se manifestam também de forma coletiva e não apenas individualmente, como vimos na seção que tratou da motivação. São ainda realçados os sentimentos que podem ser gerados nos indivíduos e os comportamentos deles decorrentes.

Necessidades e sentimentos

Qual é seu sonho, leitor? Há quem responda a essa pergunta imediatamente, pois seu dia a dia é permeado por pensamentos e ações voltados para essa realização. Você conhece, por exemplo, a história do maestro João Carlos Martins? Seu sonho sempre foi a música e, ainda criança, seu talento como pianista logo foi reconhecido. Mas acidentes deixaram-no praticamente sem movimento nas mãos. Ele parou? Não. Realizou 23 cirurgias, sempre tentando salvar alguma coisa nas mãos para manter seu sonho vivo. Caso tenha interesse em conhecer um pouco mais essa história, assista ao filme *João, o maestro* (2017), levado às telas de cinema quando João Carlos Martins completou 77 anos. Você, provavelmente, conhece outros exemplos de figuras públicas ou do seu círculo próximo que, nitidamente, alimentam um sonho. Contudo, muitas pessoas permanecem em silêncio quando questionadas sobre seu próprio sonho, sem conseguir, ao menos, esboçar uma resposta. Por que isso acontece?

Entendemos que a resposta está centrada no processo de conhecer a si próprio. Quais são seus valores? Sua missão? Suas forças e suas fragilidades? Suas expectativas? Estamos cada vez mais conectados com o mundo. *Smartphones*, *tablets*, aplicativos e redes sociais tornam nossa vida intensa. Informações, contatos pessoais e profissionais, lugares e coisas que nem sequer imaginamos estão nas telas, em nossas mãos. Essa hiperconectividade, contudo, nos leva, muitas vezes, a perder a conexão com nosso interior, nossos pensamentos e sentimentos. Quando isso acontece, abrem-se espaços para relações líquidas, carreiras líquidas, vidas líquidas, recorrendo, novamente, ao termo tão debatido por Bauman (2001).

Diante do exposto, entendemos que o investimento em autoconhecimento poderá levar à compreensão das necessidades interpessoais, dos sentimentos e dos comportamentos dos indivíduos. Héritier (2013) nos provoca reflexões sobre o que faz cada um de nós ser quem é. O que molda o nosso jeito de ser, nosso comportamento? Em alusão às empresas feitas para durar, abordadas por Collins e Porras (2000), qual é a nossa ideologia central?

Consideramos que os valores compõem a base do que somos. Daí a importância de identificá-los. Valores são elementos dos quais não abrimos mão. São "alimentos para a alma", nas palavras de Di Stéfano (2012:83). O autor aponta que agimos de acordo com nossos valores. Contudo se, por algum motivo, algo ou alguém nos leva a atuar de forma contrária, vêm à tona a resistência, a desmotivação ou até o rompimento. Por outro lado, se trabalhamos em consonância com o que acreditamos e seguimos, experimentamos a realização e a plenitude (Di Stéfano, 2012). Para algumas pessoas, por exemplo, liberdade e autonomia são valores fundamentais. É possível que o indivíduo, nesse caso, se sinta atraído pelo empreendedorismo. Para outras pessoas, segurança é valor importantíssimo. Nesse outro caso, o indivíduo encontraria no serviço público a estabilidade que se alinha a um de seus valores. Seguindo a mesma lógica, se o indivíduo abraça causas como a preservação do meio ambiente, encontrará a realização em empresas que valorizam a sustentabilidade. Por outro lado, ficaria extremamente frustrado e até poderia pedir o desligamento de empresas que buscam o lucro, independentemente dos meios para chegar lá.

Como podemos perceber, então, cada pessoa tem seu conjunto de valores que devem, ou pelo menos deveriam, nortear suas escolhas na vida. Para Rokeach,

> valores representam convicções básicas de que um modo específico de conduta ou de condição de existência é individualmente ou socialmente preferível a modo contrário ou oposto de conduta ou de existência [Rokeach apud Robbins, 2005:54].

De forma complementar ao exposto, concordarmos com Gomes et al. (2015:136) quando afirmam que valores são "pontos dos quais somos egressos e que representam quem realmente somos e esperamos ser".

Sendo assim, leitor, para compreender as necessidades interpessoais, os sentimentos e os comportamentos, identificar os valores é tarefa de cada um de nós. Valores, como aponta Robbins (2005), apresentam atributos de conteúdo e de intensidade. Os de conteúdo indicam que o valor é importante. Os de intensidade mostram o quanto ele é relevante. Dessa forma, temos uma hierarquia de valores que compõe o sistema de valores do indivíduo (Robbins, 2005). Assim como os valores individuais, existem aqueles que são próprios de uma organização. Para Tamayo (2008:310), os valores organizacionais "constituem um elemento fundamental e necessário para dar identidade coletiva a um grupo de pessoas e colocá-las a trabalhar em torno de ideais comuns". O autor acrescenta que as organizações normalmente inspiram-se nos valores da sociedade e nos valores de seus fundadores e outros membros influentes para a identificação de seus próprios valores.

Diante disso, leitor, quais são seus valores? Eles estão norteando suas escolhas? Quais são os valores da organização em que você trabalha? Eles são compatíveis com seus valores individuais? São pontos que, apesar de não esgotarem o assunto, merecem nossa reflexão.

Além dos valores, outro elemento que é considerado um direcionador das nossas ações e do nosso comportamento de forma geral é a missão. No ambiente de negócios, a declaração da missão revela a razão de ser de uma organização. Apresenta seu propósito. No âmbito individual, a lógica é a mesma. Como sugere Di Stéfano (2012), a missão indica o que o indivíduo deseja criar neste mundo, qual legado pretende deixar, como quer ser lembrado e o porquê da sua vida profissional. Qual é sua missão, leitor? Pense sobre isso, pois valores, missão e visão, que veremos a seguir, constituem um ponto de referência para a vida, tanto pela ótica profissional quanto pessoal.

Como mencionamos, a visão representa um dos principais direcionadores estratégicos de organizações e de indivíduos. Indica o que se deseja no futuro, ou seja, como o indivíduo quer ser visto, o que deseja alcançar, aonde quer chegar. Como sugerem Gomes et al. (2015:143), a "visão representa um estado futuro que se deseja alcançar, algo motivador, uma compilação de desejos que devem ser planejados para que possam tomar forma e ser materializados".

Entendemos que definir a visão é como esboçar um desenho do futuro. A página em branco pode ser assustadora, mas pode também dar sentido às necessidades, às dúvidas, aos anseios e às expectativas do indivíduo. Ter em mente os valores e a missão é requisito fundamental para criar o futuro descrito na visão. Que tal, caro leitor, experimentar esse exercício de pensar seu futuro?

Resgatando agora a pergunta inicial desta seção, percebemos que a resposta traz nossas necessidades, sentimentos e diz muito sobre o comportamento. A ausência de resposta, por sua vez, revela que podemos estar olhando o mundo por meio de lentes opacas. Mergulhar no autoconhecimento pode levar o indivíduo não só a identificar seus direcionadores – valores, missão e visão –, mas também a descobrir o que o motiva, que mecanismos de defesa costuma desenvolver e como lida com as situações deles decorrentes, que vínculos tem estabelecido no trabalho, entre tantas outras questões de cunho comportamental. A partir daí, o campo fica fértil para o desenvolvimento e a implementação de planos de ação pessoais e profissionais. Conhecer a si mesmo é, portanto, tarefa que indivíduos no século XXI devem abraçar. Caso tenha interesse em explorar um pouco mais o assunto, sugerimos que assista ao filme *À procura da felicidade* (2006), que apresenta a história real de Chris Gardner e sua luta, ao lado do filho, para sobreviver e vencer os desafios que se apresentavam a cada dia.

Podemos então, caro leitor, entender que a percepção acerca de necessidades, sentimentos e comportamentos pode contribuir para a atuação do indivíduo no ambiente de trabalho, para as relações que estabelece com seus pares, bem como com líderes e liderados. De forma complementar, acreditamos, conforme mencionamos ao longo deste livro, que inovação e resultados consistentes no âmbito da sociedade do conhecimento são gerados a partir da interação e, sobretudo, das parcerias que se estabelecem na organização, como a que pode ser construída entre líder e liderado, foco da próxima seção.

Parceria entre líder e liderado

Os termos "liderado" e "subordinado", muitas vezes, nos remetem a uma situação de passividade, de atendimento ao que foi estabelecido pela alta administração ou pelo gestor mais próximo. Um olhar sobre a sociedade industrial, como vimos nos capítulos 1 e 2, revela que essa era a lógica de funcionamento da gestão de pessoas. Contudo, a visão dicotômica acerca da relação entre líder e liderado não faz mais sentido na sociedade do conhecimento. As palavras que marcam essa relação são, agora, construção e parceria. Advogamos, assim como Tonet et al. (2012:17), que "liderança é, acima de tudo, uma relação entre líder e seguidor, um processo de influência em duplo sentido, voltado para o atendimento de expectativas mútuas e cumprimento de objetivos".

Sendo assim, consideramos que todos são protagonistas neste novo mundo do trabalho, em que liderança é vista como via de mão dupla. Um mergulho na arte talvez nos permita compreender melhor esse contexto no qual a liderança se insere. Se você, leitor, gosta de fotografia, pintura, escultura e belas-artes de modo geral, é possível que já tenha sido provocado por tais recursos estéticos. A arte, como sugerem Davel, Vergara e Ghadiri (2007:17), "tem o poder de perturbar, provocar, chocar e inspirar". Mas... e quando nós deixamos de ser apenas contempladores da arte e passamos a construir o momento com o artista? Em 2010, Marina Abramovic, uma artista de performance nascida em Belgrado, capital da antiga Iugoslávia, realizou uma exposição no Museu de Arte Moderna, em Nova York, denominada "O Artista está Presente". Na ocasião, ela ficou *em exposição* ao público, que poderia sentar-se à sua frente, em silêncio, durante um minuto. Foram mais de 700 horas de exposição, em que público, arte e artista interagiram, influenciando e sendo influenciados, deixando transbordar expressão, interpretação e emoção. As reações foram surpreendentes e revelaram o impacto que uma construção conjunta pode gerar. De forma análoga, é o que percebemos, também, no ambiente organizacional. Para se destacar no atual ambiente de negócios, as organizações precisam se reinventar constantemente, o que, no nosso entendimento, só é possível com a construção permanente da parceria entre líderes e liderados. Mas de que forma essa parceria pode acontecer, caro leitor?

Em primeiro lugar, os envolvidos precisam ter a predisposição para a troca, para rever seus pontos de vista. Devem estar permeáveis ao novo, a aprender uns com os outros, o que requer humildade e respeito. Precisam, ainda, explorar a empatia, colocando-se no lugar do outro, independentemente de hierarquia, e acolhendo perspectivas diferentes. Tomando emprestadas as palavras de Raul Seixas (1973), é bom que eles sejam uma metamorfose ambulante. Entendemos que o caminho para a parceria passa, portanto, pelo diálogo, de modo que resultados sejam produzidos conjuntamente. Lembramos, tal como Wood Jr. (2007:31) o fez, que

> o objetivo do diálogo não é vencer, mas entender as razões e a estrutura lógica dos outros. Para isso, é preciso suspender pressupostos e preparar-se para mudar de ideia; se for necessário, diversas vezes.

Sendo assim, podemos dizer que, em uma perspectiva pragmática, espera-se que o liderado tenha curiosidade intelectual e visão crítica. Espera-se que ele vá além da execução das tarefas que lhe foram designadas, levando para a mesa de discussões soluções para os problemas do dia a dia, além de inferências ligadas ao negócio da empresa. Se o liderado for apenas um "tarefeiro", como se diz na informalidade, sua capacidade de troca com seus pares e com o líder ficará muito limitada, além do fato de se distanciar do que é esperado para um profissional do século XXI, como vimos no primeiro capítulo.

No que se refere ao líder, além das competências requeridas de profissionais que atuam no mundo dos negócios, espera-se um novo olhar, mais humano, para viabilizar a parceria. Espera-se, também, que ele crie um ambiente favorável para que os liderados desenvolvam seu potencial. Para tanto, é imprescindível que o líder abrace a possibilidade de delegar. Longe de ser uma mera atribuição de autonomia e responsabilidade aos liderados, a delegação exige planejamento e preparação dos envolvidos. Por que delegar? O quê? A quem? Como? Essas são apenas questões iniciais que merecem reflexão e discussão para que o processo traga benefícios para líderes e liderados, bem como para a organização como um todo. De forma complementar, entendemos que é preciso que o líder reconheça a importância de preparar os liderados para assumir posições de liderança no futuro. Nesse contexto, modelos como o *pipeline* de liderança podem ser de grande valia.

Pipeline de liderança é um modelo apresentado por Charan, Drotter e Noel (2009) para formação e desenvolvimento de líderes, composto por seis etapas ou passagens que devem ser adaptadas à realidade da organização. Essa expressão, em inglês, significa duto, representando os canos utilizados, por exemplo, para transportar água ou petróleo. Os autores destacam que, no caso da liderança, o caminho não é reto e tranquilo, e sim cheio de "joelhos", termo utilizado para designar mudanças de direção de um duto, como vemos, por exemplo, embaixo de uma pia quando o cano que vinha na vertical se dobra para o sentido horizontal. O desafio principal seria, então, fazer com que os gerentes consigam superar de forma mais eficaz as passagens (ou joelhos, conforme explicado), que estão apresentadas no quadro 8.

A lógica do modelo está ligada à necessidade de a organização contar com profissionais competentes nas diferentes posições de liderança. Trata-se também de uma oportunidade para a valorização da *prata da casa*, conferindo responsabilidade, novos aprendizados e desafios aos profissionais. Vamos, então, ver como são as transições estabelecidas pelo modelo.

Quadro 8
Pipeline de liderança

Nível da passagem	Desafio
Passagem 1	De gerenciar a si mesmo para gerenciar outros.
Passagem 2	De gerenciar os outros para gerenciar gerentes.
Passagem 3	De gerenciar gerentes para gerente funcional.
Passagem 4	De gerente funcional para gerente de negócios.
Passagem 5	De gerente de negócios a gerente de grupo.
Passagem 6	De gerente de grupo a gestor corporativo.

Fonte: adaptado de Charan, Drotter e Noel (2009).

A entrada no mundo corporativo, normalmente, se dá em funções que exigem competências técnicas, sejam elas relacionadas a marketing, logística, projetos, finanças, TI, entre outras áreas. Com o tempo, profissionais que se destacam são, em geral, considerados para outras posições na organização em que trabalham ou em outras organizações. Chega, assim, o momento de assumir a primeira gerência, cuja nomenclatura varia de organização para organização, mas que encontra correspondência em cargos como gerente júnior, supervisor ou coordenador. Entendemos que a passagem 1 é uma das transições mais difíceis, por exigir mudanças comportamentais do indivíduo, até então preocupado com suas próprias tarefas, prazos e resultados. O profissional precisa aprender não só a lidar com a complexidade da gestão de pessoas, mas também a gerenciar o tempo, dividido entre a execução de tarefas e a relação com os liderados. A passagem 1 exige do profissional resiliência, pois dificuldades, medos, anseios e expectativas são marcas desse momento. Exige humildade para reconhecer os erros que certamente ocorrerão, para solicitar ajuda e para aprender com o novo contexto – requisitos fundamentais para seguir adiante na jornada da liderança.

A passagem 2 traz um novo desafio ao profissional: cada vez menos executor e mais gestor. A principal responsabilidade nesse nível do *pipeline* corresponde à identificação de profissionais com potencial para ingressar na passagem 1, ao treinamento dos selecionados, ao acompanhamento do progresso, além do *feedback*. O foco, nesse momento, é a orientação.

A passagem 3, por sua vez, traz à tona a necessidade de uma visão empreendedora, bem como a capacidade de articular as estratégias de sua unidade e as da organização. Essa transição exige também forte habilidade para o trabalho em equipe, uma vez que o profissional vai atuar com outros gerentes funcionais. A palavra de ordem nesse momento é maturidade.

A passagem 4, em comparação às anteriores, oferece grande visibilidade ao profissional, uma vez que seu foco passa a ser o crescimento da organização e a obtenção de vantagens competitivas. Ele assume, nessa transição, a responsabilidade pelos resultados financeiros do negócio. Visão de longo prazo e conhecimento das áreas funcionais da organização, como gestão de pessoas, marketing, finanças, tecnologia da informação, entre outras, são requisitos indispensáveis para o êxito durante essa passagem. O ponto-chave aqui é encontrar o equilíbrio entre os resultados operacionais, de curto prazo, e as estratégias do negócio, de longo prazo.

A passagem 5, por seu turno, coloca os holofotes sobre os múltiplos negócios. O profissional que, até então, era gerente de um negócio, passa a gerenciar um conjunto. Tem como grandes responsabilidades a alocação de capital e de pessoas, bem como o desenvolvimento dos gerentes de negócios, que se encontram na passagem 4. Trata-se de uma posição intermediária entre o gerente de negócios e o presidente da organização. O foco, nesse momento, recai sobre estratégias de portfólio.

Por fim, a passagem 6 traz à tona a posição máxima em termos de liderança. Trata-se do cargo de presidente ou *chief executive officer* (CEO). O profissional, nesse momento, tem como principais responsabilidades definir o direcionamento da organização e gerar resultados consistentes no curto e no longo prazos. Os pontos são a diversidade de experiências, o desenvolvimento permanente, o relacionamento interpessoal e a visão sistêmica.

O modelo apresentado por Charan, Drotter e Noel (2009) é amplo, mas os autores alertam para a especificidade de cada organização, o que implica ajustes no *pipeline*, se for o caso. O exemplo a seguir nos permite verificar como foi a adoção do *pipeline* de liderança em uma organização brasileira.

A empresa Alpha*, prestadora de serviços no segmento de gestão de frotas e gestão de benefícios, foi fundada em 1999. Atua com foco em tecnologia e sustentabilidade. Desde 2011, vem recebendo destaque no cenário do Rio Grande do Sul, por conta da adoção de práticas inovadoras de gestão de pessoas, premiadas pela Associação Brasileira de Recursos Humanos (ABRH/RS). Em 2014, a empresa inseriu o projeto *Pipeline* de Liderança no seu planejamento estratégico. O projeto fez parte de uma iniciativa mais ampla, denominada Escola de Líderes, que foi criada em 2015. O projeto visava à capacitação sistemática de lideranças da empresa, com base nos fundamentos do *pipeline* de liderança propostos por Charan, Drotter e Noel (2009). O modelo foi adaptado à realidade da empresa, contando com quatro

▼

passagens, quais sejam: (1) de líder de si mesmo para líder de equipe; (2) de líder de equipe para líder de líderes; (3) de líder de líderes para líder de negócios; (4) de líder de negócios para líder de grupo. As transições resultavam nos cargos de: (1) coordenador, (2) gerente, (3) diretor e (4) presidente. Foram estruturadas formações específicas para cada passagem do modelo. Elas abrangeram os desafios do *pipeline*, o conhecimento do negócio, as competências essenciais da empresa, bem como habilidades, aplicação do tempo e valores pessoais. Foram estruturadas em três etapas: (a) conhecer, (b) desenvolver e (c) crescer, que tinham como foco, respectivamente, o negócio da empresa, competências ligadas à gestão de pessoas e acompanhamento para assumir a nova posição de liderança. Ao final da segunda etapa, houve a elaboração de um plano de desenvolvimento individual (PDI) e a seleção de mentores para acompanhamento dos futuros coordenadores (primeira passagem do *pipeline*). Dos 42 profissionais indicados pela diretoria para participação no projeto, 25 ingressaram na primeira turma, em 2015, sendo que, ao final, 24 assumiram posições de líder de equipe (coordenador), que estavam em aberto. Do ponto de vista da empresa, os resultados do projeto foram positivos, sobretudo em termos de retenção de talentos e maior engajamento de todos os profissionais. Do ponto de vista individual, os participantes relataram que a iniciativa da empresa foi percebida por todos como uma grande oportunidade profissional. Destacaram, também, o sentimento de valorização, bem como o crescimento pessoal e profissional que vivenciaram. Citaram, ainda, o acompanhamento dos mentores como de grande valia para o desenvolvimento das competências necessárias ao cargo que estavam assumindo. Diante do exposto, podemos inferir que o projeto Pipeline de Liderança foi uma iniciativa importante no âmbito da empresa Alpha.

Fonte: adaptado de ABRH/RS (2016).
*Nome fictício, embora o relato seja real.

O exemplo apresentado revela a importância de não pularmos etapas quando se trata do desenvolvimento de líderes. Cada passagem tem sua razão de existir e prepara o indivíduo para situações mais desafiadoras e complexas. Outro ponto importante diz respeito à cautela na adoção do modelo. Vimos no exemplo, que a organização optou por iniciar a implementação do modelo pela passagem 1 para, em seguida, avaliar os resultados. Implementar passagens em paralelo pode não ser uma alternativa viável para muitas organizações. Ressaltamos ainda que, à medida que o indivíduo percorre cada uma das passagens, novas formas de pensar de agir são requeridas, deixando as antigas para trás (Charan, Drotter e Noel, 2009).

Acreditamos, tal como Tonet et al. (2012), que a existência de líderes em diferentes níveis hierárquicos é um diferencial para as organizações na sociedade do conhecimento, uma vez que provoca a demanda por novas competências. Nesse contexto, a importância da construção de uma parceria entre líderes e liderados, desde os primeiros níveis, é ponto pacífico.

Esperamos, caro leitor, que as discussões apresentadas neste capítulo possam ter aguçado sua curiosidade intelectual sobre o comportamento humano nas organizações. Esperamos, também, que você possa ter feito conexões relevantes entre os temas tratados, e que elas possam ser revertidas em *insights* e em ações para serem adotadas em sua vida cotidiana e no ambiente corporativo, seja você hoje líder ou liderado.

Conclusão

Procuramos, neste livro, destacar algumas das principais características da época em que vivemos, a chamada "sociedade do conhecimento". Como vimos, trata-se de período especialmente desafiador, tendo em vista as mudanças que estão ocorrendo em velocidade e profundidade jamais vistas. Gerenciar pessoas em um contexto tão complexo representa uma missão que exige muita competência e dedicação. Vale lembrar, todavia, que o tipo de competência agora requerido não é similar ao que levou, em épocas passadas, muitas organizações ao sucesso. As alterações observadas na sociedade precisam refletir-se nos modelos de gestão adotados pelas organizações e nos estilos de liderança mantidos pelos gestores, em especial no que diz respeito ao gerenciamento das pessoas e equipes de trabalho.

Aprender continuamente é uma das necessidades primordiais para todos os profissionais, bem como para as próprias organizações. O conhecimento representa atualmente, como destacamos, o maior patrimônio pessoal e corporativo. Aqueles que abraçam a carreira gerencial precisam, além de buscar seu autodesenvolvimento, favorecer o processo de aprendizado de seus liderados e a incorporação do conhecimento pelas organizações, gerando inovação e competitividade. Em um ambiente de negócios globalizado e hipercompetitivo, trata-se de uma prioridade que deve mobilizar os esforços individuais e coletivos em qualquer organização. É necessário, entretanto, compreender que os esforços específicos de treinamento e desenvolvimento não são suficientes, pois precisam ser acompanhados da adoção de práticas adequadas de gestão. De nada adianta contar com uma equipe de profissionais individualmente muito competentes se a organização não lhes oferece as condições necessárias para que exercitem seus talentos de forma sinérgica e focada em resultados. Para tanto, a construção das bases da aprendizagem organizacional e o combate às barreiras ao aprendizado são fundamentais, sendo essa uma as principais tarefas que devem ser cumpridas pelos gestores.

Outra característica que observamos na atual ambiência corporativa é a convivência de diversas situações paradoxais, o que, aliás, costuma ocorrer em períodos de transição como este que agora vivemos, do mundo industrial para a sociedade do conhecimento. Assim, em meio aos cortes que se fazem por vezes necessários diante da crescente escassez de recursos, os gestores se veem, muitas vezes, pressionados para alcançar níveis de produtividade que parecem impossíveis. Conciliar qualidade de vida no trabalho com as pressões por resultados, utilizar ao máximo os recursos eletrônicos disponíveis sem desumanizar as relações interpessoais, disseminar a informação sem gerar danos à sua interpretação e à transformação em conhecimentos que o excesso de estímulos informacionais costuma trazer, bem como investir no aprimoramento contínuo de conceitos e processos de trabalho sem perder as bases de sustentação da cultura corporativa são outros exemplos desses desafios.

Por vezes, o enfrentamento de situações paradoxais nos causa insegurança e mesmo certa perplexidade. Até bem pouco tempo, prevalecia a crença de que tudo pode ser previsto e controlado, fruto de uma visão positivista de ciência que dominou o mundo industrial. A evolução do conhecimento científico, entretanto, demonstrou que até nas ciências exatas a previsibilidade é muito limitada e não predominam relações lineares de causa e efeito, como bem demonstraram os estudos da física quântica, que relativizaram as leis propostas por Isaac Newton, até então tidas como universais e infalíveis.

Devemos, todavia, considerar que a complexidade de um mundo paradoxal não traz somente problemas, pois favorece, por outro lado, a criatividade e a abertura de novas fronteiras do saber e da tecnologia, bem como a revisão de valores que, embora naturalizados pela tradição, podem induzir a comportamentos injustos. As oportunidades que se abrem nesse momento histórico que vivemos são, portanto, muito significativas.

Vale sempre ressalvar, porém, que não existem receitas de sucesso. No campo da gestão e, ainda mais, no da gestão de pessoas, a imprevisibilidade é uma forte característica. Assim, qualquer teoria ou método de gestão, por mais que possa ter contribuído para o sucesso de uma organização em um determinado contexto, poderá revelar-se fortemente inadequado quando aplicado em outra situação. Quando trabalhamos com pessoas, a imprevisibilidade é ainda maior. São muitos os fatores intervenientes que atuam sobre os resultados obtidos por qualquer esforço gerencial.

Por outro lado, poderíamos dizer, em tom jocoso, que existem, sim, as "receitas de fracasso", ou seja, medidas e posturas que, muito provavelmente, alcançarão resultados negativos se adotadas. Entre essas, destaca-se a manutenção de diversas práticas de gestão desenvolvidas no século passado, no contexto da sociedade industrial. Por isso, este livro traz no título a expressão "sociedade do conhecimento", para destacar que estamos diante de um cenário muito distinto daquele que era encontrado até algumas décadas atrás.

Agora, cuidado, caro leitor, não sejamos radicais! O que estamos dizendo não é algo do tipo: "Esqueça tudo o que você sabe". Nem todos os princípios de gestão mais antigos ficaram obsoletos. Há, todavia, uma série de condicionantes sociais, econômicos, culturais e tecnológicos, encontrados no ambiente atual, que tornam bastante anacrônicos diversos valores que, ainda hoje, são seguidos por gestores que não se deram conta das mudanças ocorridas no mundo e nas organizações de trabalho.

Como vimos, questões como a crescente competitividade, a globalização, as novas relações de trabalho e a diversidade encontrada nas equipes atuais geram um elevado grau de complexidade e requerem a adoção de posturas diferenciadas por parte dos gestores. As profundas mudanças que estão acontecendo na sociedade atual geram, ao mesmo tempo, grandes oportunidades de crescimento individual e organizacional, e ameaças a quem não conseguir a elas se adaptar. Por exemplo, as mesmas tecnologias de comunicação eletrônica que aproximam pessoas e criam novas modalidades de negócio podem induzir a relacionamentos superficiais e destruir empresas antes sólidas, mas que não souberam se reconfigurar e aproveitar as oportunidades criadas.

Nesse contexto, uma figura emerge como altamente relevante: o líder, sobre quem repousa uma grande responsabilidade no gerenciamento das pessoas com quem trabalha. Conforme destacamos neste livro, são muitos os desafios que os gestores atuais precisam enfrentar, por exemplo, gerenciar grupos formados por pessoas de diferentes gerações, contribuir com a motivação das equipes que lideram, praticar a comunicação assertiva, compreender as necessidades dos liderados e prover meios para auxiliar no seu atendimento e fortalecer a parceria com os funcionários.

Por fim, caro leitor, esperamos ter contribuído, com as reflexões desenvolvidas nessa obra, para seu crescimento. Gerenciar pessoas é mesmo uma tarefa complexa e desafiante. Acreditamos, porém, que, com determinação e competência, pode ser realizada de modo a minimizar os problemas e maximizar as oportunidades.

Referências

ASSOCIAÇÃO BRASILEIRA DE RECURSOS HUMANOS (ABRH). *Escola de líderes, liderança na prática*: formação preparatória. Porto Alegre: ABRH/RS, 2016. Case.

______. Programas para jovens talentos de 2018 da Cielo traz novidade. *Portal institucional*, 7 nov. 2017. Disponível em: <www.abrhbrasil.org.br/cms/materias/noticias/programas-para-jovens-talentos-de-2018-da-cielo-traz-novidade/>. Acesso em: 10 nov. 2017.

ALBORNOZ, Suzana. *O que é trabalho*. São Paulo: Brasiliense, 2017. Disponível em: <https://books.google.com.br/books?hl=ptR&lr=&id=zmgvDwAAQBAJ&oi=fnd&pg=PT2&dq=o+que+é+trabalho>. Acesso em: 26 out. 2017.

AKTOUF, Omar. *Pós-globalização, administração e racionalidade econômica*: a síndrome do avestruz. São Paulo: Atlas, 2004.

______. Além da globalização. *GV Executivo*, v. 4, n. 1, p. 80-84, fev./abr. 2005. Entrevista concedida a Eduardo Davel e Carlos Milani.

ALVES, Mário Aquino; GALEÃO-SILVA, Luis Guilherme. A crítica da gestão da diversidade nas organizações. *Revista de Administração de Empresas*, v. 44, n. 3, p. 20-29, jul./set. 2004.

À PROCURA da felicidade. Direção: Gabriele Muccino. Produção: Todd Black, Jason Bluementhal, James Lassiter, Will Smith, Steve Tisch, Teddy Zee. Culver City: Columbia Pictures; Sony Pictures Entertainment, 2006. 1 DVD (117 min).

ARGYRIS, Chris. *Theory in practice*: increasing professional effectiveness. São Francisco, CA: Jossey-Bass, 1977.

ATHAYDE, André Luiz Mendes. Gestão internacional de pessoas: revisão da produção nacional de 2012 a 2016 e agenda de pesquisa para o contexto brasileiro. In: SEMINÁRIOS EM ADMINISTRAÇÃO DA UNIVER-

SIDADE DE SÃO PAULO (SEMEAD), 22., nov. 2017, São Paulo. *Anais*... São Paulo: USP, 2017.

AZENHA, Eunice Pereira; MARQUEZAN, Lorena L. P. O paradigma holístico em educação: uma utopia possível. *Cadernos Educação*, n. 15, 2000.

BACON, Francis. *Novum organum, ou verdadeiras indicações acerca da interpretação da natureza*. São Paulo: Nova Cultural, 2000.

BARROS, Alexandre; SILVA, José Roberto Gomes da. Percepções dos indivíduos sobre as consequências do teletrabalho na configuração home-office: estudo de caso na Shell Brasil. *Cadernos Ebape.br*, v. 8, n. 1, art. 5, mar. 2010.

BASTOS, Antonio V. B. Comprometimento organizacional: um balanço dos resultados e desafios que cercam essa tradição de pesquisa. *Revista de Administração de Empresas*, v. 33, n. 3, p. 52-64, maio/jun. 1993.

______ et al. Comprometimento organizacional. In: SIQUEIRA, Mirlene (Org.). *Medidas do comportamento organizacional*: ferramentas de diagnóstico e de gestão. Porto Alegre: Artmed, 2008.

BAUMAN, Zygmunt. *Globalização*: as consequências humanas. Rio de Janeiro: Jorge Zahar, 1999.

______. *Modernidade líquida*. Rio de Janeiro: Jorge Zahar, 2001.

BENNIS, Warren. *A formação do líder*. São Paulo: Atlas, 1996.

BERGAMINI, Cecilia. Liderança: a administração do sentido. *Revista de Administração de Empresas*, v. 34, n. 3, p. 102-114, maio/jun. 1994.

BIAZZI, Fábio. *Lições essenciais sobre liderança e comportamento organizacional*. São Paulo: Labrador, 2017.

BLACK, J. Stewart ; MENDENHALL, Mark E.; ODDOU, Gary. Toward a comprehensive model of international adjustment: an integration of multiple theoretical perspective. *The Academy of Management Review*, v. 16, n. 2, p. 291-317, abr. 1991.

BRANDEN, Nathaniel. A autoestima na era da informação. In: HESSELBEIN, Frances; GOLDSMITH, Marshall; BECKHARD, Richard (Org.). *A organização do futuro*: como preparar hoje as empresas de amanhã. São Paulo: Futura, 1997. p. 242-251.

BRASIL. Ministério do Trabalho e Emprego. Portaria nº 1.199, de 28 de outubro de 2003. *Diário Oficial [da] República Federativa do Brasil*, Brasília, DF, 30 out. 2003.

______. Lei Complementar nº 128, de 19 de dezembro de 2008. *Diário Oficial [da] República Federativa do Brasil*, Brasília, DF, 22 dez. 2008.

_____. Lei nº 13.467, de 13 de julho de 2017. *Diário Oficial [da] República Federativa do Brasil*, Brasília, DF, 14 jul. 2017.

BRESSER-PEREIRA, Luiz Carlos; OREIRO, José Luiz; MARCONI, Nelson. *Macroeconomia desenvolvimentista*: teoria e prática econômica do novo desenvolvimento. São Paulo: Elsevier, 2016.

BROWN, Tim. *Design thinking*: uma metodologia poderosa para decretar o fim das velhas ideias. Rio de Janeiro: Alta Books, 2017.

BURBRIDGE, R. Marc; BURBRIDGE, Anna. *Gestão de conflitos*: desafios do mundo corporativo. São Paulo: Saraiva, 2012.

CÂMARA, Pedro B. *Gestão de pessoas em contexto internacional*. Lisboa: Dom Quixote, 2008.

CANUTO, Otaviano. A rebelião dos remediados. *Revista da ESPM*, ed. 108, n. 3, p. 10-15, jul./set. 2017.

CAPPI, Mariana Nitz; ARAÚJO, Bruno Felix von Borell de. Satisfação no trabalho, comprometimento organizacional e intenção de sair: um estudo entre as gerações X e Y. *Revista Eletrônica de Administração*, Porto Alegre, ed. 82, n. 3, p. 576-600, set./dez.

CARBONE, Pedro Paulo et al. *Gestão por competências e gestão do conhecimento*. 3. ed. Rio de Janeiro: FGV Ed., 2011.

CARLOS, Ana Fani Alessandri. A geografia brasileira hoje: algumas reflexões. *Terra Livre*, ano 18, v. I, n. 18, p. 161-178, jan./jun. 2002.

CASTELLS, Manuel. *A sociedade em rede*. 4. ed. São Paulo: Paz e Terra, 1999. v. 1.

CAVAZOTTI, Flávia de Souza Costa; LEMOS, Ana Heloisa da Costa; VIANA, Mila Desouzart de Aquino. Novas gerações no mercado de trabalho: expectativas renovadas ou antigos ideais. *Cadernos Ebape.br*, v. 10, n. 1, art. 9, p. 162-180, mar. 2012.

CERQUEIRA, Daniel R. C.; MOURA, Rodrigo Leandro. *Vidas perdidas e racismo no Brasil*. Brasília, DF: Ipea, 2013. Nota técnica n. 10.

CHARAN, Ram; DROTTER, Stephen; NOEL, James. *Pipeline de liderança*: o desenvolvimento de líderes como diferencial competitivo. Rio de Janeiro: Elsevier, 2009.

CHAVES, Lucio Edi et al. *Gerenciamento da comunicação em projetos*. Rio de Janeiro: FGV Ed., 2007.

COLLINS, James; PORRAS, Jerry. *Feitas para durar*: práticas bem-sucedidas de empresas visionárias. 8. ed. Rio de Janeiro: Rocco, 2000.

COMAZZETTO, Letícia Reghelin et al. A geração Y no mercado de trabalho: um estudo comparativo entre gerações. *Psicologia: Ciência e Profissão*, v. 36, n. 1, p. 145-157, jan./mar. 2016.

DAVEL, Eduardo; VERGARA, Sylvia; GHADIRI, Djahanchah. Administração com arte: papel e impacto da arte no processo ensino-aprendizagem. In: _____; _____; _____ (Org.). *Administração com arte*: experiências vividas de ensino--aprendizagem. São Paulo: Atlas, 2007.

DE MASI, Domenico. *A sociedade pós-industrial*. 2. ed. São Paulo: Senac, 1999.

DESCARTES, René. *Discurso do método*. São Paulo: Martins Fontes, 2001.

DETERDING, Sebastian et al. From game design elements to gamefulness: defining gamification. In: INTERNATIONAL ACADEMIC MINDTREK CONFERENCE: ENVISIONING FUTURE MEDIA ENVIRONMENTS, 15., 2011, Tampere. *Proceedings*... Nova York: ACM, 2011.

DI STÉFANO, Rhandy. *O líder-coach*: líderes criando líderes. Rio de Janeiro: Qualitymark, 2012.

DRUCKER, Peter. *Sociedade pós-capitalista*. São Paulo: Pioneira, 1999.

EGGER, Daniel. *Geração de valor futuro*: conectando a estratégia, inovação e o futuro. Rio de Janeiro: Elsevier/Alta Books, 2015.

FAYOL, Henri. *Administração industrial e geral*. 10. ed. São Paulo: Atlas, 1994.

FERREIRA, Victor Cláudio Paradela; COSTA, Marília Magarão. *Modelagem das organizações públicas*. Rio de Janeiro: FGV Ed., 2014.

_____ et al. *Modelos de gestão*. 3. ed. Rio de Janeiro: FGV Ed., 2009.

FERRIGNO, José Carlos. *Conflito e cooperação entre gerações*. São Paulo: Sesc, 2013.

FLEURY, Maria Tereza Leme. Diversidade cultural: experiências de empresas brasileiras. *Revista de Administração de Empresas*, v. 40, n. 3, p. 18-25, jul./set. 2000.

FÓRUM ECONÔMICO MUNDIAL. *The future of jobs*. Davos: World Economic Forum, 2016.

FRANÇA, Ana Cristina Limongi. *Práticas de recursos humanos – PRH*: conceitos, ferramentas e procedimentos. São Paulo: Atlas, 2007.

FREITAS, Maria Ester de. *Cultura organizacional*: evolução e crítica. São Paulo: Thomson Learning, 2007.

GALLON, Shalimar; ANTUNES, Elaine di Diego. O processo de expatriação na estratégia organizacional. *Revista Brasileira de Administração Científica*, v. 7, n. 1, p. 43-60, jan./mar. 2016.

GALVÃO, Márcio. Planejamento de comunicações em projetos. *Revista Mundo PM*, n. 6, p. 70-75, dez./jan. 2006.

GELIS FILHO, Antonio; BLIKSTEIN, Izidoro. Comunicação assertiva e o relacionamento nas empresas. *GV Executivo*, v. 12, n. 2, p. 28-31, jul./dez. 2013.

GIDDENS, Anthony. *Mundo em descontrole*: o que a globalização está fazendo de nós. Rio de Janeiro: Record, 2000.

GIL, Gilberto. Tempo rei. Intérprete: Gilberto Gil. In: GIL, Gilberto. *Raça humana*. Rio de Janeiro: Warner Music, 1984. 1 LP. LP. Faixa 5, lado B.

GOMES, Ana Paula C. Z. et al. *Coaching e mentoring*. Rio de Janeiro: FGV Ed., 2015.

GONÇALVES, Luciana Rodrigues; RODRIGUES, Manoel Gonçalves. Um estudo sobre o conflito entre as gerações X e Y nas organizações contemporâneas. *Ciência Atual*, v. 6, n. 2, p. 2-13, 2015.

GONZÁLEZ, Juan Miguel; OLIVEIRA, José Arimatés de. Os efeitos da expatriação sobre a identidade: estudo de caso. *Cadernos Ebape.br*, v. 9, n. 4, art. 10, dez. 2011.

GRACIOSO, Francisco. O mundo não para de nos dar sustos. *Revista da ESPM*, ed. 108, n. 3, p. 4, jul./set. 2017.

GRAHAM, Pauline (Org.). *Mary Parker Follett*: profeta do gerenciamento. Rio de Janeiro: Qualitymark, 1997.

GRANDIN, Greg. *Fordlândia*: ascensão e queda da cidade esquecida de Henry Ford na selva. Rio de Janeiro: Rocco, 2010.

GUIMARÃES, Paula Pacheco de Azevedo; SALLES, Denise Medeiros Ribeiro; LONTRA, Victor Hugo Cabral Cruz. A carreira na visão de repatriados: um estudo de caso em uma multinacional brasileira do ramo da mineração. *Revista Eletrônica de Negócios Internacionais*, v. 11, n. 1, p. 77-90, jan./abr. 2016.

HACKMAN, J. R.; OLDHAM, G. R. *Motivation through the design of work*: test of a theory organizational behavior and human performance, v. 16, p. 250-279, 1976.

HANASHIRO, Darcy Mitiko Mori; QUEIROZ, Ricardo Campelo. O efeito da diversidade nos times multifuncionais: um estudo na indústria automobilística. In: ENCONTRO NACIONAL DA ASSOCIAÇÃO NACIONAL DE PROGRAMAS DE PÓS-GRADUAÇÃO EM ADMINISTRAÇÃO, 30., 2006, Salvador. *Anais*... Salvador: Anpad, 2006.

HARARI, Yuval Noah. *Homo Deus*: uma breve história do amanhã. São Paulo: Companhia das Letras, 2016.

HAY, Donald. A liberalização comercial brasileira após 1990 e o desempenho das grandes empresas industriais. *Pesquisa e Planejamento Econômico*, v. 30, n. 2, p. 183-210, ago. 2000.

HÉRITIER, Françoise. *O sal da vida*. Rio de Janeiro: Valentina, 2013.

HERNANDEZ, José Mauro da Costa; CALDAS, Miguel P. Resistência à mudança: uma revisão crítica. *Revista de Administração de Empresas*, v. 41, n. 2, p. 31-45, abr./jun. 2001.

HITT, Michael A.; MILLER, C. Chet; COLELLA, Adrienne. *Comportamento organizacional*. 3. ed. Rio de Janeiro: LTC, 2013.

IRIGARAY, Hélio Arthur Reis; GOLDSCHMIDT, Cristina Chaves; QUEIROZ, Luiz Gustavo Mauro de. Resiliência, orientação sexual e ambiente de trabalho: uma conversa possível? *Revista de Gestão Social e Ambiental*, São Paulo, p. 40-54, dez. 2017. Edição especial.

_____; VERGARA, Sylvia Constant. O tempo como dimensão de pesquisa sobre uma política de diversidade e relações de trabalho. *Cadernos Ebape.br*, Rio de Janeiro, v. 9, n. 4, art. 8, p. 1085-1098, dez. 2011.

ISMAIL, Salim; MALONE, Michael; GEEST, Yuri Van. *Organizações exponenciais*: por que elas são 10 vezes melhores, mais rápidas e mais baratas que a sua (e o que fazer a respeito). São Paulo: HSM, 2015.

JAIME, Pedro; FERRARI, Maria Aparecida; BANDEIRA, Mariana Lima. Diversidade, interculturalidade e organizações: ampliando os debates sobre sustentabilidade. *Revista de Gestão Social e Ambiental*, São Paulo, p. 2-5, dez. 2017. Edição especial.

JOÃO, o maestro. Direção: Mauro Lima. Produção: Paula Barreto, Luiz Carlos Barreto. Rio de Janeiro: Globo Filmes, 2017. (117 min).

KATZ, D.; KAHN, R. *The social psychology of organizations*. Nova York: John Willey & Sons, 1966.

KOTTER, John. *Leading change*. Boston: Harvard Business School Press, 1996.

_____. Winning at change. *Leader to Leader Journal*, n. 10, outono 1998.

KUBO, Edson; BRAGA, Beatriz. Ajustamento intercultural de executivos japoneses expatriados no Brasil: um estudo empírico. *Revista de Administração de Empresas*, v. 53, n. 3, p. 243-255, maio/jun. 2013.

KUHN, Thomas. *Estrutura das revoluções científicas*. São Paulo: Perspectiva, 1982.

LATOUR, Bruno. *Jamais fomos modernos*: ensaio de antropologia simétrica. Rio de Janeiro: Ed. 34, 1994.

LIMA, Suzana; BRESSAN, Cyndia. Mudança organizacional: uma introdução. In: _____ (Org.). *Mudança organizacional*: teoria e gestão. Rio de Janeiro: FGV Ed., 2003.

LOPES, Aline Moraes et al. Geração internet: quem são e para que vieram. Um estudo de caso. *Revista CTS*, v. 9, n. 26, p. 39-54, maio 2014.

MACÊDO, Ivanildo I. de et al. *Aspectos comportamentais da gestão de pessoas*. 9. ed. Rio de Janeiro: FGV Ed., 2007.

MARCH, James G.; SIMON, Herbert A. *Teoria das organizações*. Rio de Janeiro: FGV Ed., 1981.

MARTEL, Frédéric. *Smart*: o que você não sabe sobre a internet. Rio de Janeiro: Civilização Brasileira, 2015.

MOLINETE, Izel Aparecida; BARCELLOS, Rebeca de Moraes Ribeiro; SALLES, Helena Kuerten. Da mão de ferro ao romantismo: a produção do gênero no discurso da literatura pop management. *Revista de Gestão Social e Ambiental*, São Paulo, p. 6-22, dez. 2017. Edição especial.

MORIN, Edgar. *La méthode*. Paris: Éditions du Seuil, 1986. Tome III: La Connaisance de la Connaissance.

_____. *A cabeça bem-feita*: repensar a reforma, reformar o pensamento. Rio de Janeiro: Bertrand Brasil, 2006.

_____. *Os sete saberes necessários à educação do futuro*. 2. ed. São Paulo: Cortez, 2011.

MOTTA, Paulo Roberto. *Transformação organizacional*: a teoria e a prática de inovar. Rio de Janeiro: Qualitymark, 1998.

_____. *Gestão contemporânea*: a ciência e a arte de ser dirigente. 15. ed. Rio de Janeiro: Record, 2004.

NÓBREGA, Bruno Andrade; SANTOS, Jair Nascimento; JESUS, Gláucia Alves de. Um estudo da relação entre diversidade, criatividade e competitividade em organizações brasileiras. *Revista de Ciências da Administração*, v. 16, n. 39, p. 194-209, ago. 2014.

NONAKA, I.; TAKEUCHI, H. *Criação de conhecimento na empresa*: como as empresas japonesas geram a dinâmica da inovação. Rio de Janeiro: Campus, 1997.

OLIVEIRA JR., Moacir de M. Competências essenciais e conhecimento na empresa. In: FLEURY, Maria Tereza L.; OLIVEIRA JR., Moacir de M. (Org.). *Gestão estratégica do conhecimento*: integrando aprendizagem, conhecimento e competências. São Paulo: Atlas, 2001.

PAIVA, Francisco Jailson de. *Gestão participativa*: impactos sobre a produtividade. Curitiba: Appris, 2016.

PALACIOS, Fernando; TERENZZO, Martha. *O guia completo do storytelling*. Rio de Janeiro: Alta Books, 2016.

PESSOA, Fernando. *Plural como o universo*. Rio de Janeiro: Fundação Roberto Marinho Ed., 2010.

PINTO, Mário C. S.; COUTO-DE-SOUZA, Cristina L. Mudança organizacional em uma empresa familiar brasileira. *Revista de Administração Pública*, v. 43, n. 3, p. 609-634, maio/jun. 2009.

POCHMANN, Marcio. *O emprego na globalização*: a nova divisão internacional do trabalho e os caminhos que o Brasil escolheu. São Paulo: Boitempo, 2012.

POSKITT, Kjartan. *Isaac Newton e sua maçã*. São Paulo: Cia. das Letras, 2003.

QUANTO tempo o tempo tem. Direção: Adriana Dutra. Produção: Alessandra Alli. Rio de Janeiro: Inffinito, 2016. (76 min).

RAGHURAMAPATRUNI, Radha; KOSURI, Shanmukha Rao. The straits of success in a VUCA world. *Journal of Business and Management*, p. 16-22, 2017. Disponível em: <www.iosrjournals.org/iosr-jbm/papers/Conf.17016-2017/Volume%20 1/3.%2016-22.pdf>. Acesso em: 31 out. 2017.

REGO, Arménio. Comprometimento organizacional e ausência psicológica: afinal, quantas dimensões? *Revista de Administração de Empresas*, v. 43, n. 4, p. 25-35, out./dez. 2003.

ROBBINS, Stephen. *Comportamento organizacional*. 11. ed. São Paulo: Pearson Prentice Hall, 2005.

______; JUDGE, Timothy A.; SOBRAL, Filipe. *Comportamento organizacional*: teoria e prática no contexto brasileiro. 14. ed. São Paulo: Pearson, 2010.

ROCHA-PINTO, Sandra Regina da et al. *Dimensões funcionais da gestão de pessoas*. 7. ed. Rio de Janeiro: FGV Ed. 2007.

RONDEAU, Alain. A gestão dos conflitos nas organizações. In: CHANLAT, Jean-François (Coord.). *O indivíduo nas organizações*: dimensões esquecidas. São Paulo: Atlas, 1996. v. 3, p. 205-225.

ROSA, Alexandre Reis. Relações raciais e estudos organizacionais no Brasil. *Revista de Administração Contemporânea*. Rio de Janeiro, v. 18, n. 3, art. 1, p. 240-260, maio/jun. 2014.

SAMPAIO, Jader dos Reis. O Maslow desconhecido: uma revisão de seus principais trabalhos sobre motivação. *Revista de Administração*, São Paulo, v. 44, n. 1, p. 5-16, jan./fev./mar. 2009.

SANTOS, Aline Lilian dos. Em busca de ideias inovadoras. *GV Executivo*, v. 14, n. 2, p. 68-70, jul./dez. 2015.

SANTOS, Artur. Abertura comercial na década de 1990 e os impactos na indústria automobilística. *Fronteira*, v. 8, n. 16, p. 107-129, 2. sem. 2009.

SANTOS, Milton. *Por uma outra globalização*: do pensamento único à consciência universal. Rio de Janeiro: Record, 2000.

SARFATI, Gilberto. Prepare-se para a revolução: economia colaborativa e inteligência artificial. *GV Executivo*, v. 15, n. 1, jan./jun. 2016.

SCHUMPETER, Joseph A. *Capitalismo, socialismo, democracia*. Rio de Janeiro: Zahar, 1984.

SCHWAB, Klaus. *A quarta revolução industrial*. São Paulo: Edipro, 2016.

SCOTT, Cynthia D.; JAFFE, Dennis T. *Empowerment*: um guia prático para o sucesso. Rio de Janeiro: Qualitymark, 1998.

SEIXAS, Raul. Metamorfose ambulante. Intérprete: Raul Seixas. In: SEIXAS, Raul. *Krig-ha, Bandolo!* Rio de Janeiro: Phillips, 1973. 1 LP. Faixa 3.

SENGE, Peter. *A quinta disciplina*. São Paulo: Best Seller, 1999.

SGANZERLA, Nelson. *Frases memoráveis*. Joinville: Clube de Autores, 2007.

SILVA, José Roberto Gomes da; VERGARA, Sylvia Constant. Sentimentos, subjetividade e supostas resistências à mudança organizacional. *Revista de Administração de Empresas*, v. 43, n. 3, p. 10-21, jul./set. 2003.

SOARES, Carlos Alexandre et al. *Terceirização estratégica*: estabelecendo uma relação de parceria com contratantes. Andradina: Editor Autor, 2013.

SOUZA, Agamêmnom Rocha; FERREIRA, Victor Cláudio Paradela. *Introdução à administração*: uma iniciação ao mundo das organizações. 7. ed. Rio de Janeiro: Pontal, 2006.

TAMAYO, Álvaro. Valores organizacionais. In: SIQUEIRA, Mirlene (Org.). *Medidas do comportamento organizacional*: ferramentas de diagnóstico e de gestão. Porto Alegre: Artmed, 2008.

TAYLOR, Frederick Winslow. *Shop management*. 1911. Disponível em: <http://livros01.livrosgratis.com.br/gu006464.pdf>. Acesso em: 25 out. 2017.

______. *Princípios de administração científica*. 8. ed. São Paulo: Atlas, 1990.

TEMPOS modernos. Direção: Charlie Chaplin. Produção: Charlie Chaplin. Los Angeles: United Arts, 1936. 1 DVD. (87 min).

TENÓRIO, Fernando. *Flexibilização organizacional*: mito ou realidade? Rio de Janeiro: FGV Ed., 2000.

TOFFLER, Alvin. *A terceira onda*. Rio de Janeiro: Record, 1980.

TOLEDO, Flávio. *Recursos humanos e globalização*. São Paulo: FTA, 2006.

TONET, Helena C. et al. *Liderança e gestão de pessoas em ambientes competitivos*. Rio de Janeiro: FGV Ed., 2012.

TURANO, Lucas M.; CAVAZOTTE, Flávia. Conhecimento científico sobre liderança: uma análise bibliométrica do acervo do The Leadership Quarterly. *Revista de Administração Contemporânea*, v. 20, n. 4, art. 3, p. 434-457, jul./ago. 2016.

ULRICH, Dave. *Recursos humanos estratégicos*: novas perspectivas para os profissionais de RH. São Paulo: Futura, 2000.

UM SENHOR estagiário. Direção: Nancy Meyers. Produção: Nancy Meyers; Suzanne Farwell. Califórnia: Warner Bros., 2015. 1 DVD. (121 min).

VELOSO, Caetano. Sampa. Intérprete: Caetano Veloso. In: VELOSO, Caetano. *Muito* (Dentro da Estrela Azulada). Rio de Janeiro: CBD, 1978a. 1 CD. Faixa 7.

______. Força estranha. Intérprete: Roberto Carlos. In: BRAGA, Roberto Carlos. *Força estranha*. Rio de Janeiro: Columbia Records, 1978b.

VELOSO, Elza Fátima Rosa; DUTRA, Joel Souza; NAKATA, Lina Eiko. Percepção sobre carreiras inteligentes: diferenças entre as gerações y, x e *baby boomers*. *REGE: Revista de Gestão*, v. 23, n. 2, p. 88-98, abr./jun. 2016.

VERGARA, Sylvia Constant. A liderança aprendida. *GV Executivo*, v. 6, n. 1, jan./fev. 2007.

______. A resiliência de profissionais angolanos. *Revista de Administração Pública*, v. 42, n. 4, p. 701-718, jul./ago. 2008.

______. *Gestão de pessoas*. 16. ed. São Paulo: Atlas, 2016.

______; GOMES, Ana Paula C. Z. Gênero no ambiente acadêmico. In: FREITAS, Maria Ester de; DANTAS, Marcelo (Org.). *Diversidade sexual e trabalho*. São Paulo: Cengage Learning, 2012.

______; VIEIRA, Marcelo M. F. Sobre a dimensão tempo-espaço na análise organizacional. In: ENCONTRO NACIONAL DA ASSOCIAÇÃO NACIONAL DE PROGRAMAS DE PÓS-GRADUAÇÃO EM ADMINISTRAÇÃO, 27., 2003, Atibaia. *Anais*... Atibaia: Anpad, 2003.

VINCENT, Sylvie. Heterofobia e racismo nas organizações. In: CHANLAT, Jean-François (Coord.). *O indivíduo nas organizações*: dimensões esquecidas. São Paulo: Atlas, 1996. p. 181-203. v. 3.

WALTER, Silva Anita; FREGA, José Roberto. Repatriados brasileiros de transnacionais: fatores relevantes para sua permanência. *Revista Eletrônica de Estratégia & Negócios*, Florianópolis, v. 8, n. 1, jan./abr. 2015.

WOMACK, James P.; JONES, Daniel T.; ROSS, Daniel. *A máquina que mudou o mundo*. Rio de Janeiro: Elsevier, 2004.

WOOD JR., Thomaz. *Cuidado, trabalho!*: perversões e contradições da vida na selva corporativa. São Paulo: Saraiva, 2007.

ZARIFIAN, Philippe. Comunicação e subjetividade nas organizações. In: DAVEL, Eduardo; VERGARA, Sylvia Constant (Org.). *Gestão com pessoas e subjetividade*. São Paulo: Atlas, 2001.

Glossário

***Coaching*.** Esta expressão deriva do verbo inglês *to coach*, que pode ser traduzido como conduzir ou treinar. Trata-se de uma modalidade de desenvolvimento em que um profissional especializado (*coach*) auxilia seu cliente (*coachee*) a desenvolver suas competências pessoais ou profissionais, com base em um processo individualizado de diálogo e acompanhamento. Como distinções do *coaching* para outras modalidades de desenvolvimento podem ser citados o fato de ele ser individualizado e de ter foco no autoaprendizado, procurando-se estimular o *coachee* a descobrir e utilizar melhor suas potencialidades.

***Design thinking*.** Abordagem que busca encontrar soluções inovadoras para problemas, com base na colaboração entre os participantes de uma determinada equipe, que são estimulados a buscar um melhor entendimento do que precisa ser resolvido, propor e escolher possíveis métodos de ação e desenhar o modo de colocá-los em prática. Uma de suas características é que procura envolver na busca de soluções para os problemas todos os grupos interessados: clientes, fornecedores, gestores e profissionais de forma geral. A partir da identificação de uma necessidade ou oportunidade de inovação, parte-se para a busca do desenho de produtos, serviços ou processos que possam oferecer respostas adequadas, seguindo-se o desenvolvimento de um protótipo, sua testagem e posterior aprimoramento.

Desterritorialização. Representa a perda ou o enfraquecimento dos vínculos culturais que uma pessoa ou um grupo mantém com um determinado local ou país. Pode ocorrer a partir da migração ou da imposição de costumes, da dominação cultural. Ambas as modalidades têm crescido nos últimos tempos, com migrações forçadas por conflitos étnicos ou falta de perspectiva econômica e também pela homogeneização de comportamentos que o mundo globalizado e interconectado costuma induzir.

Empowerment. Do inglês *to empower*, que significa autorizar. Trata-se de uma proposta de descentralização das decisões mais operacionais, atribuindo-se autoridade aos indivíduos para que resolvam as questões relativas ao seu dia a dia profissional. Envolve duas dimensões complementares: o redesenho dos processos, descentralizando-os e a busca de envolvimento dos funcionários, estimulando-os a assumirem uma maior responsabilidade pelo alcance de bons resultados.

Epistemologia. É uma reflexão sistemática sobre a natureza do conhecimento e a forma como ele é construído, destacando as bases de sua formulação, as afiliações teóricas que podem ser percebidas e as limitações que ficam latentes. Procura identificar as relações existentes entre os sujeitos envolvidos e os objetos enfocados nos conhecimentos produzidos, de modo a compreender as influências sofridas e favorecer a incorporação crítica dos conceitos e métodos propostos. Estuda, portanto, a validade e a solidez dos conhecimentos, podendo, ainda, classificá-los em diferentes linhas de pensamento.

Fenomenologia. Representa um método de pensamento e interpretação da realidade proposto originalmente pelo filósofo alemão Edmund Husserl (1859-1938). Enfatiza as percepções mantidas por um determinado grupo de pessoas a respeito de um dado fenômeno, privilegiando uma análise qualitativa e subjetiva da realidade. A proposição desse método representou um rompimento com o positivismo que dominava, na época, praticamente toda a produção científica e que tinha por base a busca de certezas a partir da investigação impessoal e objetiva. Na fenomenologia, ao contrário, admite-se a inexistência de respostas únicas para um problema, pressupondo-se que diferentes pessoas terão distintas percepções sobre o mesmo e que não se pode determinar que algumas são certas e outras erradas.

Gamification. Deriva da palavra *game*, ou, em português, jogo. Envolve a adoção de conceitos utilizados em jogos em outros contextos, representando, por exemplo, a realidade vivenciada em uma determinada organização, como se fosse um jogo, com suas tarefas a cumprir, regras estabelecidas, desafios a enfrentar e possíveis estratégias para superação. Visa estimular a participação das pessoas envolvidas em um problema na busca de soluções inovadoras. Sua adoção pode favorecer o entusiasmo, o trabalho em equipe, o comprometimento e a criatividade dos encarregados de tomar decisões ou efetuar escolhas sobre uma situação profissional vivenciada.

Inovação disruptiva. Ocorre quando uma determinada inovação revela-se tão impactante que transforma um mercado, criando novas categorias de produtos ou serviços, ou ainda novas formas de relacionamento com algo já existente. Em consequência, surgem novos modelos de negócio, podendo favorecer o surgimento ou crescimento de algumas empresas em detrimento de outras que, mesmo tendo obtido grande sucesso anteriormente, não se mostram capazes de acompanhar a nova configuração do mercado.

Job rotation. Em português, rotação de cargos. Trata-se de uma técnica de gestão de pessoas que consiste em, de tempos em tempos, promover a mudança dos funcionários, em especial dos ocupantes de cargo gerencial, de um setor para o outro. Com isso, pretende-se favorecer a motivação, por meio da atribuição de novos desafios profissionais, pressupondo-se que desempenhar por muito tempo as mesmas tarefas pode se tornar menos desafiante. Também favorece a aquisição de uma visão mais sistêmica da organização, pelo fato de o corpo gerencial ter passado por mais de uma área, deixando, assim, de conhecer apenas as questões específicas de um setor.

Mentoria. Processo de aconselhamento sistemático que envolve uma pessoa de notável saber ou larga experiência (o mentor) e um profissional em vias de formação e desenvolvimento (mentorado), em geral alguém que está sendo preparado para assumir um cargo gerencial ou que foi para ele recentemente designado. O mentor deve ser alguém com boa experiência na área de trabalho ou em funções similares às desempenhadas pelo mentorado, de modo a favorecer um aconselhamento bem objetivo e focado nas questões práticas por ele vivenciadas. Pode ser alguém da própria organização ou um profissional especialmente contratado para prestar essa assessoria.

Players. A tradução literal do inglês seria "jogadores", mas, no jargão administrativo, essa expressão refere-se às organizações que atuam em um determinado setor, em especial àquelas que nele se destacam como mais relevantes, sendo capazes de influenciar os movimentos do mercado. Pode também designar indivíduos, quando se refere, por exemplo, aos investidores de um dado mercado, ou mesmo países, como na seguinte afirmação: "A descoberta dos campos do pré-sal elevou o Brasil à condição de um importante *player* no mercado mundial de energia fóssil".

Positivismo. Método de estudo sistemático da realidade que tem como precursores os filósofos Auguste Comte (França – 1798-1857) e Stuart Mill (Inglaterra – 1806-1873) e adota uma visão racionalista do mundo, buscando respostas claras e definitivas para os problemas analisados. De acordo com essa corrente, apenas a ciência representa um conhecimento verdadeiro e somente aquilo que possa ser testado e comprovado de modo objetivo e irrefutável pode ser aceito como válido. Representa, assim, uma forma de pensamento bastante inadequada para a análise de um mundo complexo e multifacetado como este que vivemos atualmente, e mais ainda quando aplicada às questões referentes ao ser humano, que manifesta alto grau de imprevisibilidade por forte carga subjetiva nas escolhas que efetua e nos comportamentos que adota.

Precarização do trabalho. Envolve qualquer prática que implique a deterioração das condições laborais, envolvendo, por exemplo, a imposição de condições insalubres, a perda de direitos, o oferecimento de remuneração muito baixa ou a imposição de arranjos produtivos que desumanizam o trabalho. Trata-se de um fenômeno que tem se manifestado em um número crescente de empresas devido à concorrência acirrada, com a consequente necessidade de reduzir custos para elevar a competitividade.

Skills. Em português, habilidades. Trata-se da capacidade que um profissional possui para realizar algo. No ambiente de negócios, é comum, também, o uso das expressões *hard skills* e *soft skills*. A primeira tem cunho técnico, como, por exemplo, a capacidade de identificar e de analisar os riscos de um projeto. A segunda, por sua vez, tem base comportamental, como a capacidade de administrar conflitos em um projeto.

Staff on demand. Em português, funcionários de acordo com a demanda. Trata-se de uma modalidade de contratação de profissionais para atender a uma ou mais demandas específicas do contratante. Com isso, o número de profissionais alocados na empresa aumenta ou diminui conforme a necessidade. Áreas como projetos e tecnologia já estão mais alinhadas com essa modalidade.

Stakeholders**.** Em português, partes interessadas. Trata-se de um grupo que possui interesse ou participação em determinado negócio. Esse grupo pode incluir dirigentes da empresa, funcionários, clientes, fornecedores, governo, comunidade local, entre outros que podem afetar ou ser afetados pelo negócio. O termo é bastante comum, também, em gerenciamento de projetos.

Startups**.** Em português, o termo está relacionado a empresas emergentes. Trata-se de uma empresa recém-criada, ligada à tecnologia e à inovação. Normalmente, são ágeis e respondem bem a mudanças e a incertezas.

Storytelling**.** Em português, o termo está relacionado a narrativas, à transmissão de histórias. Envolve tanto o conteúdo, ou seja, os fatos, as informações, os personagens, os lugares e qualquer outro elemento que fundamente a história quanto a forma, isto é, a maneira pela qual a história será transmitida. No ambiente de negócios, o *storytelling* tem sido utilizado como uma abordagem interativa para estimular a imaginação do público, seja ele formado por funcionários de uma empresa, clientes ou outros indivíduos que tenham relação com o que se pretende contar. O *storytelling* está presente em filmes, músicas, anúncios de empresas ou no dia a dia corporativo. Sua utilização pode contribuir para o fortalecimento da cultura organizacional, o reposicionamento de uma empresa no mercado, o lançamento de um produto, entre outras ações institucionais.

Teletrabalho. Arranjo produtivo pelo qual o profissional, no lugar de atuar nas dependências da organização à qual está ligado, trabalha em outro local, podendo ser sua residência ou um centro de teletrabalho, com suporte em recursos de telecomunicações.

Visão dicotômica. Representa uma visão simplista e limitada do mundo em que vivemos e dos fenômenos sociais ou organizacionais, analisando-os como se fossem possíveis apenas duas opções de resposta ou classificação. Como exemplo, podemos citar alguém que analisa as opções de ação em uma determinada situação de trabalho classificando-as simplesmente como positivas ou negativas, esquecendo-se de que, em geral, qualquer evento ou alternativa guarda aspectos bons ou ruins, além de uma gama de posições intermediárias entre o que se considera adequado e o que seria inadequado.

Visão holística. Deriva da palavra grega *holos*, que significa "inteiro" ou "não fragmentado". No campo da ciência, a expressão "visão holística" é empregada em contraposição à visão cartesiana, ou seja, fragmentada. O termo holismo foi introduzido pelo sul-africano Ian Christian Smuts, que publicou, em 1926, o livro *Holism and evolution*. A visão holística é fundamentada nos princípios de que tudo se conecta e de que o todo é maior que a soma das partes.

Para enriquecer

Uma sociedade caótica

Nossa sociedade é caótica! Ao ler essa afirmação, caro leitor, você pode imaginar que estamos afirmando que vivemos em uma total desordem e falta de sentido, pois essa é a conotação popular da palavra caos. Na linguagem científica e acadêmica, porém, o sentido é outro. Um sistema caótico é aquele que apresenta um grau de complexidade tão elevado que torna impossível o desenvolvimento de previsões lineares de causa e efeito. Um exemplo bem simples seria uma corredeira de um rio. Imagine um grupo de pessoas praticando *rafting*, aquele esporte que consiste em descer um rio em um bote inflável. Eles jamais podem prever com exatidão o percurso que seguirão e o tempo de viagem, pois a intensidade da correnteza e a velocidade do barco mudam a todo instante devido a uma série de fatores, como a quantidade de chuvas, não só no local mas nos trechos anteriores do rio e nos seus afluentes, não apenas no momento, mas também nos dias anteriores, e o peso dos ocupantes do bote, entre outros, que ninguém consegue mapear com exatidão. Se esse mesmo grupo estivesse em um barco a motor atravessando um lago, seria fácil traçar uma linha reta e calcular o tempo de travessia. Qual você acha que melhor representa o ambiente de negócios contemporâneo: um lago de águas plácidas ou uma correnteza turbulenta? Pergunta fácil de responder, não é mesmo? Então, para melhor navegar no mundo atual, antes de mais nada é preciso tomar consciência de seu nível de complexidade e libertar-se da pretensão de prever e controlar tudo o que será feito, conforme tentaram (sem sucesso) muitas teorias e técnicas administrativas. Isso não quer dizer que devamos abrir mão do planejamento e do controle. Voltando à metáfora do rio, só alguém muito imprudente se lançaria em uma corredeira sem conhecê-la, sem estudá-la bem. Por isso, os praticantes de *rafting* contam com guias experientes no rio que vão explorar. Junto com esse preparo, no entanto, precisamos de muito "jogo de cintura", de muita atenção ao contexto vivido e capacidade de adaptação às novas situações que vão surgindo. Esse é o nosso desafio!

Os autores

Victor Cláudio Paradela
Doutor em administração e mestre em administração pública pela Escola Brasileira de Administração Pública e de Empresas (Ebape) da Fundação Getulio Vargas (FGV). É graduado em administração e pós-graduado em formação de recursos humanos para o ensino a distância. Possui experiência profissional e acadêmica no campo da administração, tendo atuado como empresário, diretor, gerente, analista, consultor e professor nas áreas de administração, gestão de pessoas e desenvolvimento gerencial em organizações privadas e na administração pública direta e indireta. É professor convidado de cursos de pós-graduação da FGV desde 1992. Publicou seis livros, 22 capítulos de livro e diversos artigos em periódicos científicos.

Ana Paula Cortat Zambrotti Gomes
Mestre em administração pública pela Escola Brasileira de Administração Pública e de Empresas (Ebape) da Fundação Getulio Vargas (FGV). Especialista em gestão pela qualidade total pela Universidade Federal Fluminense (UFF). Graduada em administração pela Universidade Salgado de Oliveira. Foi professora da Escola de Comunicação (ECO) da Universidade Federal do Rio de Janeiro (UFRJ) e da Escola de Administração Fazendária do Ministério da Fazenda (Esaf/DF). É professora dos cursos de pós-graduação *lato sensu* da Unigranrio. É consultora de organizações públicas e privadas. Autora de artigos publicados em periódicos e em anais de congressos científicos e coautora do livro *Coaching & mentoring*. É professora convidada do FGV Management.

Este livro foi impresso nas oficinas gráficas da Editora Vozes Ltda.,
Rua Frei Luís, 100 – Petrópolis, RJ.